JN207026

Recalling the Fake Palaeolithic Stone Tool Scandal in Japan

旧石器ねつ造問題検証備忘録

ねつ造検証はどのように行なわれたか

辻 秀人 著
TSUJI Hideto

上高森遺跡

雄山閣

旧石器ねつ造問題検証備忘録
―ねつ造検証はどのように行われたか―

目　次

はじめに

西暦2000年は、考古学の世界にとっても、考古学を研究する私にとっても忘れ難い、そして苦渋に満ちた年だ。言うまでもなく藤村新一による旧石器ねつ造が毎日新聞旧石器遺跡取材班によって暴かれ、考古学という学問が社会的な信用を失い、大混乱におちいった年だからだ。ねつ造発覚後、いつからねつ造が行われたのか、ねつ造された資料はどれか等をめぐって憶測が憶測を呼んだ。

筆者にとって旧石器時代は専門外だが、1日でも早く事件の全体像を解明したうえで社会に具体的な反省を示し、改善策を提示することが考古学という学問が存続するために必要だと考え、行動した。地元研究者団体の宮城県考古学会では「旧石器発掘「ねつ造」問題特別委員会」委員長として、全国組織の日本考古学協会では「前・中期旧石器問題調査研究特別委員会」委員としてねつ造問題の解明にあたったのである。

約2年間にわたる検証活動の中で、ねつ造に直面した多くの旧石器研究者と話し合うとともに日本考古学協会特別委員会による藤村新一との面談に参加、上高森遺跡、座散乱木遺跡の検証発掘でも事務局の責任者として実現に向けて動き、運営にあたった。いわばねつ造問題検証活動の実働部隊を務め、検証活動の実際の姿を最もよく知る一人であったと自認している。

ねつ造事件に関わって多くの書物が出版され、シンポジウム等も開催されている。これらはいずれも検証活動に直接関わらない立場からのもので、一面は捉えているが、全体像を知るには不十分と思われる。

本書は、検証活動の最前線に関わった者として、検証活動がどのような立場で行われ、どのような結果となったのかをお伝えする必要があると考え、執筆した。検証活動がどのように行われたのかを記録する備忘録のつもりである。

ねつ造発覚から20年以上も過ぎた今、このような本を執筆することに躊躇もあったが、勤務する東北学院大学歴史学科の同僚から、ねつ造事件は現代史上の出来事であり、事実関係を記録として残すことは歴史を学ぶ人間として、当然なすべき事だという意見を得て、最終的に執筆を決意した。なお、検証活動で走り回っているころに、東北学院大学教養学部で心理学を教える大江篤志教授に、このような問題の場合、毎日の記録を残す必要があると教えられた。筆者は元来日記を書く習慣を持たないが、教えに従った結果、ほぼ2年間にわたる毎日の記録が手元に残っている。この記録には私への批判に対する感情的な反論などもあって、とても公に出来ないが、当時の考え方、事実関係を確認する上できわめて重要な役割を果たしている。

第1章
旧石器遺跡ねつ造発覚まで

1　ねつ造発覚以前

日本旧石器研究は相沢忠洋氏の発見から始まる。人が住まないとされた赤土の中に人類の存在を示す石器が発見され、列島における旧石器時代の存在が証明された。

その後研究が継続される中で、今から約３万年前、後期旧石器時代の遺跡が多く発見、調査された。

日本列島における人類は、氷河期に海水面が下がり、陸続きになった朝鮮半島から獲物を追って渡ってきた。後期旧石器時代の遺跡が多数あることから、最後の氷河期（ビュルム氷河期）の出来事と考えられた。

しかし、東北大学芹沢長介教授は日本列島における人類の起源は前・中期にまで遡るとする主張を展開した。その根拠は、大分県早水台遺跡、栃木県星野遺跡など、後期旧石器時代を遡る地層から出土する石器群にあった。ただ、これらの石器群は人工物であるかどうか判定が難しく、賛否両論があった。つまり、日本列島に後期旧石器時代を遡る人類の存否をめぐって論争中だったのである。

そこに座散乱木遺跡出土石器が登場した。出土層も古く、石器にも明瞭に加工の跡が観察出来た。誰が見ても石器だったのである。報告書を執筆した岡村道雄氏は報告書（石器文化談話会　1983『座散乱木遺跡』）中で前期旧石器存否論争の終結を高らかに宣言した。以降、宮城県北部を中心とする地域で前期旧石器時代遺跡の発見と調査が相次ぎ、大きな成果と評価されていく。この間の経緯は多くの書物の伝えるところだ。

さて、手もとに分厚いシンポジウム資料集がある。東北福祉大学から刊行された『芹沢長介先生傘寿記念国際シンポジウム「早水台から上高森まで―世界から見た日本列島の前期・中期旧石器時代―」』である。刊行は1999年10月。捏造発覚の直前、1年前にあたる。

シンポジウムには、梶原洋氏、鎌田俊昭氏、藤村新一など、前期旧石器遺跡探索の主要メンバーが参加し、著名な国内旧石器時代研究者、海外研究者も加わって、3日間にわたって大規模なシンポジウムが行われた。シンポジウムでは「発見学」という造語を使って藤村の功績を褒め称え、一連の調査成果が世界的な業績であること、日本の前期旧石器時代は60万年前には遡ること、成果を前提に原人の到達ルート、精神性などが論じられた。

シンポジウムで語られた成果は一連の活動の到達点であったのだろう。この内容は社会に広く受け入れられ、多くの人々が日本人の起源が古く遡ることを誇りに感じた。例外的に早く教科書に記述されたことも、このような世論の反映だったのだろう。

2　ねつ造発覚

2000年11月5日、宮城県上高森遺跡と北海道総進不動坂遺跡の捏造を藤村新一が認めたことが毎日新聞旧石器遺跡取材班によって報じられた。経緯、詳細は同取材班によって明らかにされている（毎日新聞旧石器取材班　2001『発掘捏造』）ので、参照していただきたい。

私は、このニュースを車の運転中にラジオで聞いた。ニュースの内容はすぐには理解出来なかったが、だんだん飲み込めてきた。これは大変なことだ。私が研究する考古学という学問が社会に信用されなくなる。考古学が存続できなくなるかもしれない。率直な私の思いだった。

藤村が捏造を認めたのは証拠を突きつけられた上高森、総進不動坂の2遺跡だけだった。藤村は魔が差した。他にはやっていないと説明したが、そのままは受け取れない。ねつ造はどの遺跡でどれだけ行われたのか。それが大混乱に陥った考古学研究者の最大の関心事だった。

2000年12月23、24日に「東日本の旧石器を語る会」が福島県立博物館で開かれた。ねつ造発覚後初めて開かれた問題の石器群の検討会で、多くの石器群が並べられ、研究者間で熱意ある討論が行われたという。私は参加しなかったので、詳細は渋谷孝雄氏よる報告（渋谷　2001年「第14回東北日本の旧石器文化を語る会報告」『宮城考古学』第3号）立花隆氏のレポート（立花2001年　『立花隆、旧石器発掘ねつ造事件を追う』朝日新聞社）に譲りたい。手もとの予稿集を見る限りは、藤村が関わった遺跡の調査関係者は、自らが調査した遺跡の資料をねつ造と考えることは難しかったようだ。

東日本の旧石器を語る会が主催した検討会は、ねつ造問題の検証活動の第一歩だった。この段階では、ねつ造が告白された上高森遺跡、総進不動坂遺跡に限られるのか、他の遺跡にも広がるのか、そもそも、どうすればねつ造の有無を判定できるのか誰も確信が持てなかった。しかし、ねつ造事件の全体像はその後の検証活動により徐々にに見えてくる。

第2章
宮城県考古学会の検証活動

1　検証活動スタート

2001年1月21日、私は仙台市ホテル白萩の会議室でジリジリしていた。宮城県考古学会役員会の会議中のことだ。

じつは、宮城県考古学会では、旧石器ねつ造発覚の後、声明を発表し（資料Ⅰ）、考古学に対する信頼回復に努めることを公表していた。続く総会でも同様の決議（資料Ⅱ）を採択している。

私は、この役員会で信頼回復に努めるための具体的な活動が提案されると考えていた。ところが、議事は淡々と進み、終了しかけてしまった。私は信頼回復のための具体的な提案をもって役員会に臨んでいた。信頼回復に向けての具体的な論議が行われないままに役員会が終わってしまえば、宮城県考古学会は信頼回復に向けての動きをしないまま時間が過ぎてしまう。地元の直接の当事者も参加する学会がこの大事件に対して何のアクションもしないでいいのか。私はやむを得ず、私案をもって検証活動を始めることを提案した（資料Ⅲ）。この私案は学会執行部から検証活動開始の提案があり、それに基づいて提示するはずだったものだ。中身は検証のための特別委員会を設置すること、放置されている上高森遺跡の最終段階の調査を他団体と協力して実施すること、検証活動を透明化するためHPを作ることの３点である。

この提案は会長以下三役、多くの役員に強い違和感をもって受け止められた。なぜ旧石器研究とは関わらない辻がしゃしゃり出てくるのか。という反発が強く感じられた。また、任意団体である宮城県考古学会がねつ造問題検証に主体的な立場に立つ事への躊躇もあったように思う。

提案は結局この役員会では審議されずに終わったが、会長以下三役と辻との話し合いの結果、宮城県考古学会として検証のための特別委員会を設置することとなり、2月18日に準備会発足、5月12日総会で「旧石器発掘「ねつ造」問題特別委員会」の設置が認められ（資料Ⅳ）、宮城県考古学会としての検証活動がスタートした（資料Ⅴ、Ⅵ）。

私は、言い出しっぺとして委員長を命じられ、めまぐるしい２年間の検証活動と向かい合うことになった。

２　Ｆコレクション

Ｆコレクションといっても何のことかと思われるだろう。藤村新一が自宅に持っていた石器群のことだ。後に詳細を説明するが、藤村がねつ造に使った収集品である。藤村コレクションと言うべきところだが、藤村という呼称を使うのが少しはばかられたので、Ｆコレクション、通称Ｆコレと呼ばれていた。

Ｆコレクションは1675点からなる石器群である。ねつ造発覚後東北旧石器文化研究所鎌田俊昭氏が保管していた。鎌田氏の説明によれば、藤村の自宅、自室に保管してあったものだそうだ。2001年3月に日本考古学協会前・中期旧石器問題調査研究特別委員会準備会戸沢充則委員長が仙台を訪れ、宮城県考古学会柳田俊雄氏、辻、鎌田俊昭氏立ち会いのもと、一時的に封印した。

宮城県考古学会特別委員会の調査（実際の作業は梶原洋東北福祉大学教授とその研究室で行われた）によれば、Ｆコレクションには231点の注記された資料があり、採集時期は1974年9月から1991年9月に及ぶ。採集遺跡は宮城県北部一帯である。宮城県考古学会特別委員会報告（宮城県考古学会「ねつ造」問題特別委員会　2003年　「宮城県考古学会「ねつ造」問題特別委員会最終報告」『宮城考古学』第5号）によれば、多くの資料に傷、黒色土付着等の表面採集資料に見られる痕跡が認められた。

Ｆコレクションは藤村がねつ造行為に使うために自室に保管していた可能性が高い。藤村はねつ造の実行にあたって宮城県北部一帯の遺跡群採集資料の内、比較的矛盾が少ない石器を選んで使ったのだろう。

なお、藤村の自宅にはまだ多くの考古資料が残されていることが分かり、ご家族の立ち会いのもと、7月28日に日本考古学協会小野昭氏、宮城県考古学会佐川正敏氏、辻、鎌田氏が藤村家に行き、多くの資料を預かった（第二次Ｆコレクション）。

第二次Ｆコレクションは藤村家ガレージ奥に無造作に置かれていた。縄文土器、石器、瓦などが混在し、段ボールで

10箱程度になった。藤村の長年にわたる収集品で、かなり広い範囲にわたって高い頻度で宮城県北部の遺跡を歩いている様子が読み取れる。ただ、ねつ造に使われた石器群とは大分違っており、直接ねつ造に使われた資料ではないのだろう。あるいはこの資料群から藤村は旧石器として矛盾が少なそうな石器を選んでいたのかもしれない。

3　ねつ造の広がりを確信した日

スジ状鉄銹

ねつ造発覚以降、ねつ造はいったいどの範囲で行われたのか。疑問のある遺跡の一部なのか全体なのか、いつからいつまでねつ造は行われたのか。つまりは、ねつ造の全体像がどうなのかをめぐって混乱の中で様々な議論が行われた。しかし、決定的なねつ造の証拠は提示されなかった。

中で、菊池強一氏は、出土石器は、堆積物の一部で、その産状に注意する必要がある。石器表面に残された褐鉄鉱の痕跡を検討する必要があり、その視点で見れば褐鉄鉱のライン様付着は現代についたものとする見解を表明した（菊池2001年 「石器の産状は何を語るか」『科学』vol71 no2）。

平たく言えば、前期旧石器とされた石器群の表面には直線的にのびる鉄銹の痕跡があり、現代の農具が石器表面を傷つけた痕跡だというのである。前期旧石器は通常地表からは深い場所に埋まっていて、現代の農具が届く範囲にはない。つまり、この痕跡がある石器は地上近く、農具が及ぶ範囲にあったと見られ、前期旧石器ではあり得ないということだ。

この見解は直ちには多くの研究者に共有はされなかったが、石器群の検証に当たって一つの重要な観察すべき項目となった。

私は、菊池氏の提示した新たな視点に共感していたが、この痕跡が現代の農具によってつけられたとする結論がすべてに当てはまるか否か判断出来ないでいた。ただ、2001年4月14, 15日に行われた日本考古学協会、東北日本の旧石器を語る会、宮城県考古学会合同の石器検討会に参加し、ねつ造の疑いがあるほとんどの石器群を見る機会があり、驚愕した。ほぼすべての石器群にこの痕跡ある石器が含まれていたからだ。もし、菊池氏の示した結果に基づくならば検討されたほぼすべての石器群がねつ造になる。なかには国指定史跡となった座散乱木遺跡出土で、前期旧石器存否論争の終了宣言がなされた資料群も含まれている（この点はいち早く菊池強一氏が指摘している）。ねつ造は座散乱木遺跡調査以前から2000年に至るまで相当長期に、広範囲にわたって行われていたのかもしれない。そうだとすればねつ造事件はさらに大きな問題になってしまう。この線状鉄銹の観察結果とその痕跡が残された理由を是非とも解明しなければならない。これが石器検討会を終えての率直な思いだった。

石器表面の鉄銹観察

石器表面の鉄銹を理解するためには、線状の鉄銹がある石器とない石器を観察する必要がある。つまり、観察するにあたって、石器表面が傷つけられていない資料と後世に傷つけられている資料を選び、比較検討する必要があったのである。

私には、旧石器時代遺跡の調査経験はほとんどない。ただ、福島県立博物館に勤務していた頃、同僚藤原妃敏氏が担当した福島県高郷村（現喜多方市）塩坪遺跡発掘調査に参加したことがある。後期旧石器時代の遺跡で、石刃、ナイフ型石器などが出土した。石器を包含する層は５千年ぐらい前に噴出した厚さ１～２ｍの軽石層で覆われており、石器が現代の農機具に接触する可能性がない資料である。私は、塩坪遺跡出土石器をまず第１の観察対象とした。

次に地表面にあり、農機具に接触する機会が多いとみられる資料が必要だ。郡山女子大学會田容弘教授に山形県お仲間林遺跡の表面採集資料を紹介していただき、もう一つの観察資料とした。

喜多方市への出張の帰りがけ、７月 14 日に福島県立博物館にて自然分野学芸員竹谷陽二郎氏にお世話いただき、両遺跡の石器表面を顕微鏡で観察した。両遺跡出土資料ともに石器表面に鉄分の付着が認められたが、様相は全く違っていた。

塩坪遺跡資料にも鉄分は多く付着していた。ただ、鉄分は輪郭がはっきりした線状ではなく面的に広がっていた。鉄分の広がりには濃淡があり、外側との境界はあいまいでぼんやりしていた。グラデーション的に徐々に薄くなっていくのである。このような状況は、埋まっている石器に地上から浸透する水分に含まれる鉄分が付着していった結果とみることが可能だった。

一方、お仲間林遺跡表面採集資料に観察された鉄分は輪郭

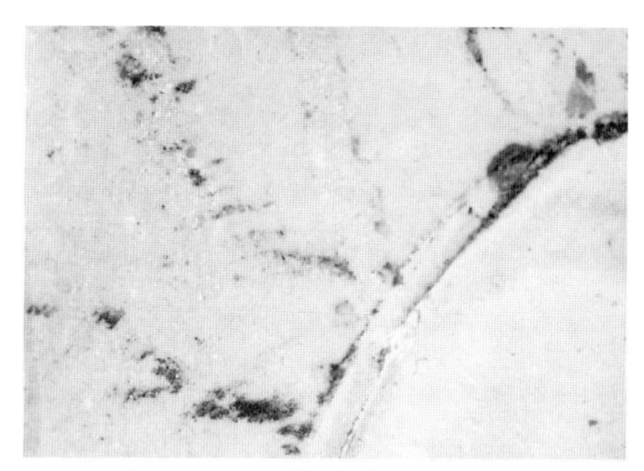

写真１　山形県お仲間林遺跡表面採集資料
石器表面のキズと線状鉄銹痕跡（筆者撮影）

が明瞭で、線状であった。なによりも線状の鉄分の上には明瞭な傷があった（写真1）。石器の表面には、時間の経過とともに風化によって薄い膜が形成される。この膜は専門用語でパティナと呼ばれる。線状の鉄分の上にはパティナを壊してつけられている傷が必ず観察された。これは、石器が土中に埋まり、長期間にわたって風化した後に鉄製の道具があたって傷ついた事を示している。つまり、この傷と鉄分の付着は、現代に農具と接触して出来たとみるほかはない。

両遺跡出土石器の表面にある鉄分の観察から、線状鉄銹のある石器は、土中に埋まっていたのではなく、現代に地表近くにあったと見ることが出来る。線状鉄銹は、古い地層に埋まっていた前期旧石器ではあり得ないということだ。その上にパティナが壊された傷があればなおさらのことだ。

検討会で観察した多くの石器に線状鉄銹が観察されること

は前に述べた。この日の結論は、「疑いのある石器群は、調査年次や地域、調査主体に関わらずすべてねつ造であると考えるしかない」であった。藤村によるねつ造は、座散乱木遺跡まで遡ることは間違いない。ねつ造はこの当時考えられたよりもはるかに長期に、広範囲にわたることを確信した瞬間だった。以後の検証活動の中で私はこの確信に基づいて行動をすることになった。

なお、この事実を確認した直後に、観察結果と写真を、ねつ造事件に関わる遺跡調査を実施した旧石器研究者に見せ、意見を求めたが、反応は乏しかった。この結果の重大性を理解してもらえなかったのだろう。

4　宮城県考古学会特別委員会の検証活動

宮城県考古学会は 2000 年 11 月 4 日のねつ造発覚を受けて素早く行動した。発覚 1 週間後 11 月 11 日に「旧石器発掘「ねつ造」に関わる声明」を出し、翌 12 月には臨時総会を開催して総会決議を行った（資料Ⅰ・Ⅱ）。声明、決議ではねつ造を断罪し、考古学の信頼回復にむけて努める決意を表明した。ただ、その後の具体的な検証活動にはなかなか進めないでいた。その後の経緯は「1，宮城県考古学会の検証活動スタート」で述べているので繰り返さないが、準備会を経て 2001 年 5 月 18 日の総会で「旧石器発掘「ねつ造」問題特別委員会」（以後宮城県特別委員会と記述）が発足した。私は問題の大きさにやや複雑な思いを抱えながらも委員長をお引き受けした。身の引き締まる思いだった宮城県特別委員会は二つのチームで構成された（資料Ⅳ）。

一つは情報資料調査チームである。藤村が関与した疑いのある遺跡の調査でいつ、誰がどのようにして石器が発見したのか、残された記録から追求された。チームは佐々木和博代表以下５名で、旧石器時代を専門領域としないメンバーで構成された。

もう一つは石器検討チームである。柳田俊雄代表のもと、旧石器時代を専門領域とするメンバー６名で構成された。藤村が関与した疑問のある資料の調査に関わった研究者も含まれている。

以下同委員会の報告（宮城県考古学会旧石器発掘「ねつ造」特別委員会　2002年「旧石器発掘「ねつ造」特別委員会2001年度活動報告」宮城考古学第４号　特別委員会中間報告特別委員会委員長2002年　同委員会　2003年「旧石器発掘「ねつ造」特別委員会最終報告」宮城考古学第５号）により検証成果を紹介したい（資料Ⅶ、Ⅷ）。

情報資料調査チームの成果

情報資料調査チームは、上高森遺跡で石器が出土する日、調査員の石器遭遇率など調査の記録を詳細に調べ上げた。その結果次のようなことが判明した。

- 石器、遺構の発見は報道発表、現地説明会開催前の短い期間に集中しており、その他の期間に発見は少ない。
- 藤村が調査参加した日のうち13.3％は石器が発見されなかった。この比率は他の調査員の１／３程度である。

・ねつ造に要する時間は石器1点あたり7〜32.5秒である。
・ねつ造は座散乱木遺跡の発見以前、1970年代半ばまで遡り、石器文化談話会以前、共同調査の第1回目からねつ造していた疑いが濃厚である。

調査の結果は、石器の埋め込みが報道発表、現地説明会で大きな成果を説明できるよう、意図的にタイミングを見計らって行われていたことを如実に示している。当時藤村が来ると石器が出ると言われ、石器が出ないと藤村が調査に参加する日を待ち望む風潮があったことと強く関係している。藤村が調査に参加した日に石器が出ない確率は13.3％ということを逆に言えば藤村が参加する日は80％以上の確率で石器が出るということだ。藤村の石器との遭遇率は他の調査員の3倍程度だったという。現在の冷静な眼ではとても理解出来ないこれらの状況が、藤村の石器を発見する特別な能力で説明されていたのである。また、ねつ造が1970年代半ばまで遡るとすれば、20年以上にもわたって続けられたことになる。調査成果は20年を超える期間の旧石器研究が大きな問題をはらんでいる可能性を明らかにしたといえよう。

石器検討チームの成果

石器の検討は、上高森遺跡出土石器群から開始された。

藤村は、2000年11月4日、毎日新聞旧石器跡取材班に対して上高森遺跡第6次調査出土石器の一部をねつ造したことは認めたが、それまでの出土資料ねつ造は否定した。他に北海道総進不動坂遺跡出土資料の一部のねつ造を認めたが他の資料、関与した他の遺跡資料すべてねつ造を否定している。

ねつ造は上高森、総進不動坂遺跡の一部だけなのか、それとも両遺跡資料のすべてか？　他の藤村関与遺跡資料はどうなのか？　石器検討チームは難しく、広い範囲にわたる課題に直面した。

石器検討チームはまず上高森遺跡出土資料全体（第１次から第６次まで）の検討に取りかかった。検討では、2000年12月に東日本の旧石器文化を語る会主催の検討会で指摘された鉄銹の痕跡、黒色土の付着、石器表面のキズ、縄文石器との類似などの疑問点の詳細な観察が行われた。

・線状鉄銹は全体の39％で観察された。
・黒色土付着は全体の47％
・石器表面のキズ32％
・ねつ造を告白した資料とその他の資料とは、線状鉄銹と黒色土付着が認められる確率に大きな違いが無い。
・押圧剥離の可能性ある石器５％
・熱処理された可能性のある石器３％
・明らかに縄文時代の石器が認められる。
・縄文時代と共通するへら状石器、小型両面加工石器、斧形石器は縄文時代石器と比較して形、製作技術に大きな違いが無い。

他にも指摘はあるが、主要な観察項目はこのような結果だった。

石器検討チームの成果から分かること　石器表面に関わる要素

最初の４項目は、石器表面に関わる要素である。

線状鉄銹は、すでにで述べたように、その石器が地表近くにあり、農機具によって傷つけられたことを意味する。前期旧石器は時代が古いため、地表からは深い場所、すなわち農機具は届かない場所に埋まっているのが普通である。線状鉄銹を持つ石器は前期旧石器ではない可能性が高いのである。

黒色土付着の意味はどうか

土の色は、一般的に茶色または黒がイメージされる。一般的に土の表面には草などの植物が生えていて、植物の活動により、土の中に有機質がが蓄えられ、黒色になる。発掘調査をしてみると、土の最上層は有機質を含んだ黒色で、その下は黄色などの明るい色をしていることが多い。

上高森遺跡出土石器に附着していた黒色土は、まさにこの土の最上層にある黒色土である。つまり、黒色土が附着していた47％の資料は、土の最も表面に近く、植物が生えていた層の中にあったと見られる。前期旧石器はおろか後期旧石器時代の層に含まれていたとみることも出来ないのである。

石器表面のキズ

石器表面にキズがある石器はどうだろう。土の中は見えないので、発掘調査の時に誤って石器の表面に軽く傷をつけてしまうことはある（好ましくはないが）。しかし、検討した石器表面のキズはもっと大きく、広がっていた。やはり、地表近くにあって農具などで傷つけられた痕跡と考えられる。

上記の３項目の観察結果は、いずれも上高森遺跡出土資料は農機具が届く深さにあり、黒色の表土に包含されていたことをよく示している。この点で藤村がねつ造を告白した資料と他の資料とに違いが無いことは重要だ。つまり、ねつ造を告白した資料にとどまらずに、上高森遺跡出土資料全体にねつ造が強く疑われるからだ。

一方、これらの痕跡のない資料も存在している。これらは大丈夫なのだろうか。石器検討チームは、上高森遺跡出土資料と藤村が関与していない出土資料と表面採集資料と比べている。藤村が関与していない資料群には、線状鉄銹、黒色土附着、表面のキズはほぼ認められなかった。一方、表面採集資料は上高森遺跡出土資料群とほぼ同じ状態だった。つまり、これまでの上高森遺跡出土資料群全体が地表面近くにあった可能性が高いのである。地表面近くにあっても傷つけられていない石器もあるということなのだろう。

新しい時期の特徴がある石器の存在

押圧剥離は石器の一部に鹿の角などの道具をあて、圧迫して石器を加工する技術である。熱処理は石器加工の前に熱を加え加工しやすくする。いずれも縄文時代の技術で、前期旧石器時代の石器にはない特徴である。これに加えて縄文時代と共通する石器と違いが無い、明らかに縄文時代の石器が混在する。つまり、これまでの上高森遺跡出土資料には縄文石器が混在する疑いが極めて濃厚であることが判明した。

石器検討チームの結論は『上高森遺跡出土資料には縄文時代に属する表面採集資料が多く含まれている可能性がある」であった。

5　上高森遺跡検証発掘実施への議論

読者諸賢には、宮城県特別委員会はこれだけの証拠がありながらなぜ「ねつ造」と断定しなかったのか違和感が感じられるのではないか。広範囲のねつ造が明らかになった今だからいぶかしく思うのかもしれない。ただ、石器検討チームは慎重だった。議論の中では検討には10年はかかるという意見まで飛び出していた。私は検証に10年かかってしまえば、考古学は社会から見放されてしまうと考えていたので、そんな事を言わないで欲しいと思っていた。

石器検討チームには、藤村が関与した遺跡の調査を実施した研究者が多かった。ねつ造が断定されなかった理由の一つは、ねつ造を認めることへの逡巡があったのかもしれない。上高森遺跡における全面的なねつ造を認めると次は自ら調査した資料の問題になる恐れも感じられたのだろう。

宮城県考古学会特別委員会での石器検討チームの議論はなかなか進まなかった。石器に関わる疑問は多くあったものの、それらをねつ造と断定することが難しかったからだ。そこで、特別委員会メンバーの中で上高森遺跡検証発掘の必要性が論じられた。

私は当初から上高森遺跡検証発掘を実施すべきだと考え、

発言もしていたので、検証発掘の実施は望むところだった。
ただ、検証発掘の実施体制には意見が分かれた。
石器検討チームからは、数人の旧石器研究者で調査チームを結成し、調査費用は宮城県考古学会をはじめとする学会等から支援を受ける案がだされた。私には、旧石器研究者が自分たちで思うように掘って前期旧石器を探し当て、ねつ造石器が一部であることを証明し、汚名を晴らしたい思いが感じられた。大切な旧石器の研究を自分たちの手の内に納めておきたいとの思いもあったのかもしれない。
私はこの提案には賛成しなかった。藤村の関与した遺跡の調査者を含む数人の研究者グループが検証発掘の主体になることに大方の賛成が得られるとは思えなかったし、学会等が費用負担することは困難だと思ったからだ。
私は、宮城県考古学会が主体となり、日本考古学協会、東北日本の旧石器を語る会からの支援と応分の費用負担を得て学会として検証発掘を実施する提案をした。地元の考古学会として宮城県考古学会が中心的な役割を担うべきだと考えたからだ。
二つの案をめぐってかなりの時間を使って議論された。私は一度特別委員会として私の案でまとまったと理解し、宮城県考古学会役員会に提案したが、石器検討チームのメンバーからそのような合意はないと否定されるなど、二転三転した。
この頃、検証発掘の実現が危ぶまれ、私は後に検証調査団長を務めてくれた同僚佐川正敏氏に、最後は二人になっても検証発掘をやろうと言っていたことを思い出す。

6　上高森遺跡検証発掘の実現

宮城県考古学会の決断

異論はありつつも、長時間の議論を経て宮城県考古学会特別委員会は宮城県考古学会が主体として検証発掘を実施する方向でまとまった。次は会長以下宮城県考古学会執行部に了解を得る必要がある。

2001年8月末に特別委員会で見えた方向性を説明するため、会長にお会いした。当時、会長をはじめ執行部は宮城県考古学会が主体となって検証発掘を実施することには懐疑的だった。会長は、宮城県考古学会が主体となって検証発掘を実施するには、組織としての会の実力からみても、財政からみても困難だとお考えだった。会を束ねる立場としては当然だったと思う。

ただ、そうですかと引き下がるわけにはいかなかった。ねつ造の舞台となった宮城県を研究の場とする宮城県考古学会はねつ造の実態を解明しなければ、学会や地域の信頼を失い、活動が困難になる、調査費用は日本考古学協会を含め他団体からの支援と会員からの募金でまかなえるとの意見を伝え、説得に当たった。

説得は朝に始まりお昼になっても終われなかった。午後には、幹事長や石器検討チームのメンバーも加わったが、結論にいたらず、ついには翌日朝から会長のご自宅に押しかけてしまった。さすがに会長も2日がかりの粘りに根負けしたようで、宮城県考古学会が検証発掘の主体となることを認めてくださった。

会長の許可を得た検証発掘の実施方法は以下の通りだ。

・宮城県考古学会が日本考古学協会と東北日本の旧石器文化を語る会に呼び掛け、調査団を結成する。

・調査団は各団体から独立したものとする。

・指導委員会を形成し、各団体から委員を出す。

この方針の決定を受け、調査団結成にむけて動き出した。ようやく、上高森遺跡検証調査の実現が見えてきた。日本考古学協会、東北日本の旧石器文化を語る会ともに調査団結成には前向きだった。残るは調査費用の捻出だ。

検証発掘実施記者会見

上高森遺跡検証調査の実現に向けて走り回っていた頃、ねつ造問題の取材が過熱していた。報道番組やお昼のワイドショーで連日取り上げられ、状況をあまり知らないままコメンテーターが様々な（無責任な？）発言をしていた。

報道の一つの関心は宮城県考古学会が上高森遺跡の検証発掘を実現するのかにあった。顔なじみになった記者の方から検証発掘のお金は大丈夫かと心配されたものだ。

宮城県考古学会会長の決断により、検証発掘の実現にむけて動き出し、9月7日、検証発掘を実現する方針は、代表幹事会の決定を経て正式に宮城県考古学会の意思となった。このことは、当然秘密事項だった。この頃の考古学界はある種の混乱状態にあり、虚実取り混ぜて様々な情報が飛び交っていて、検証発掘の実現にも賛否があり、非難が来かねない状況だったからだ。

しかし、９月10日にNHKから代表幹事会の決定が流れ騒然となった。報道各社からはこの決定の確認を求める電話がひっきりなしにかかってきた。翌11日には、各社に正確な情報をお伝えした方が良いという高倉敏明幹事長の判断により、宮城県庁で記者会見を開くこととなった。私はこの日福島県に大学の用務で出張していたが、急遽戻って記者会見に出席するよう命じられた。

私はその日福島の出張を終えてそのまま宇都宮に住む長女のところに泊まるつもりだった。しかし事態が急変したため急遽仙台に引き返し、記者会見に臨み、計画している検証発掘概要を説明した。

この日は2001年９月11日。そう、アメリカ同時多発テロ事件が起きた日だ。私は記者会見終了後、車をとばして宇都宮の長女のところに戻り、テレビをぼんやりみていたら、高層ビルに航空機が突入する画像が２回にわたって映された。アルカイーダによってハイジャックされた航空機２機がワールドトレードセンタービルに突入した場面だった。私にはとても現実のこととは思えなかった。当然、翌日の新聞には検証発掘記者会見の記事はなかった。

報道陣とのトラブル

９月初旬の検証発掘実施決定を受けて、早急に調査費用負担をめぐって日本考古学協会と東北日本の旧石器文化を語る会と具体的な打合せをする必要があった。

ちょうどこの頃日本考古学協会特別委員会で石器の検討を担当する第1作業部会と宮城県特別委員会石器検討チームとの合同検討会が予定されていた。そこで、9月23, 24日に東北歴史博物館で石器の検討会開催中に調査費用負担を日本考古学協会と東北日本の旧石器文化を語る会と宮城県考古学会で話し合うことにした。

合同検討会は、報道関係にも大きな注目を浴びていた。事前にから取材の申し込みがあり、報道幹事社東北放送とも相談の上で石器検討の始めの時間だけ1時間程度の取材（いわゆる頭撮り）を認めることにした。この時間を過ぎれば報道陣は退く約束だった。石器の詳細な検討を十分に実施するための措置である。

石器検討会の最初の時間は開会のセレモニーで、その後具体的な石器検討に入った。報道にも約束通り最初の1時間という約束で取材を認めた。

会の始まりの段取りを終えたところで、別室に退き、私と日本考古学協会矢島國雄氏、東北日本の旧石器文化を語る会渋谷孝雄氏、調査団長を引き受けてくれた佐川正敏氏、検討チーム委員の5名で費用負担を話し合い、合意を得た。打合せ終了後石器検討会場に戻ってびっくり。

開始から2時間以上も経過していたにもかかわらず、報道陣は石器観察中のメンバーにへばりつくようにして取材を続けていた。完全な約束違反だ。私は大声を上げて報道に退席を求めた。私は血相を変えて怒鳴っていたらしい。当然報道陣には約束が違うことを問いただした。報道の答えは「取材を終えてくれとは言われなかった、取材された人もいやな顔をしなかった」だった。大人がいったん約束したことを平気で破り、言い訳にもならない言い訳をすることに怒りはさらに増幅された。

私の剣幕に恐れをなしたのか報道から謝罪があり、私もこの場をおさめた。翌24日の検討会では最初の20分間の取材を認め、報道陣も時間通りに退いていった。

検討会終了後、宮城県考古学会特別委員会石器検討チームメンバーからは、取材を時間通りにおさめられなかったことに強いクレームを受けた。私は謝罪したが、その場で取材を拒否して欲しかった。

上高森遺跡検証調査団の結成

調査団結成のためには調査団長を始め調査体制を整える必要がある。

まずは調査団長をどなたにお願いするかが問題だった。石器検討チームのメンバーも含めて何人かが候補にあがった。当時、藤村が関与した遺跡の調査者が検証発掘にあたるこをを危ぶむ声がネット上も含めてあったことを考慮して、1998年に東北学院大学に赴任したばかりの佐川正敏氏を推薦することとした。

私は赴任したばかりの同僚佐川氏に十分な研究を開始する間もなく難しい役割を担っていただくことに躊躇していたが、最終的にお願いし、快諾をいただいた。佐川氏が持ち前のエネルギーと卓越した能力を持ってこの大役の責務を十分に果たしたことは、周知の通りだ。

指導助言委員会は、須藤隆東北大学教授を委員長に、日本考古学協会特別委員会、宮城県考古学会、東北日本の旧石器文化を語る会を代表する錚々たるメンバーで構成されることになった（資料Ⅸ）。

調査員は日本考古学協会特別委員会、宮城県考古学会特別委員会、東北日本の旧石器文化を語る会の旧石器研究に実績を持つメンバーが参加した。ただ、職を持つ調査員が調査現場に常駐することは難しく、東北大学、東北学院大学、東北福祉大学で考古学を学ぶ学生が合宿しながら現場にはりついた。仙台市文化財課など多くの行政組織は調査員の派遣に協力的だったが、宮城県文化財保護課だけは年休を取っての参加や休日の参加にもいい顔をせず、県文化財保護課職員には隠れるようにして参加したケースもあったようだ。私は事務局を務め、もっぱら対外的な折衝、調査運営にあたった（資料Ⅸ）。

調査の費用は、宮城県考古学会から関係学会、個人に呼び掛け、寄付とカンパをいただいてまかなった。日本考古学協会からは100万円、東北日本の旧石器文化を語る会から30万円を、宮城県考古学会からは個人のカンパも含めて50万円を超える額が拠出され、関係学会、団体からの寄付と個人カンパをいただいて、総額350万円を超える額が捻出された。

これで検証発掘実施の準備は整った。

上高森遺跡検証発掘調査団は日本考古学協会岩手大会が開催されている盛岡で立ち上げの会を開き、正式に発足した。

立ち上げの会終了後に記者会見を開き、調査の実施を公表した。

7　いざ検証発掘

鎌田俊昭、梶原洋両氏、藤村らによる東北旧石器文化研究所上高森遺跡の調査は、2000年11月4日のねつ造告白の時で止まっていた。簡単に土嚢による保護はされていたようだが、ほぼ調査が進められていた時のまま残されていた。調査の実施前に県庁記者クラブを訪れ、上高森遺跡の検証発掘を実施することを改めて伝えると共に、調査区内には立ち入らないことをお願いした。そのかわり、調査成果は毎日定時に調査団長からお伝えすることを約束した。調査が始まると、周囲に大きなアンテナを持つ中継車が並び、異様な風景となったが、報道陣はこの約束を良く守ってくれた。

調査の方針は大きく二つあった。

一つは調査成果の検証である。

東北旧石器文化研究所第１次調査から第６次調査まで石器埋納遺構11、建物跡3、土坑10、ピット（小穴）8が検出され、石器総計263点が出土している。これらが正しいのかの確認である。藤村はこれらのごく一部のねつ造は認めているが、その他はどうなのだろうか？

もう一つは新たな調査区を設け、そこで石器が出土するか否かを確認することだ。

果たして上高森遺跡は前期旧石器時代の遺跡なのだろうか？ 調査報告書（上高森遺跡検証発掘調査団2002年『宮城県築館町上高森遺跡検証発掘調査報告書』）により検討してみよう。

【コラム１　昔の人が掘った穴の見つけ方】

1：昔の地表面に

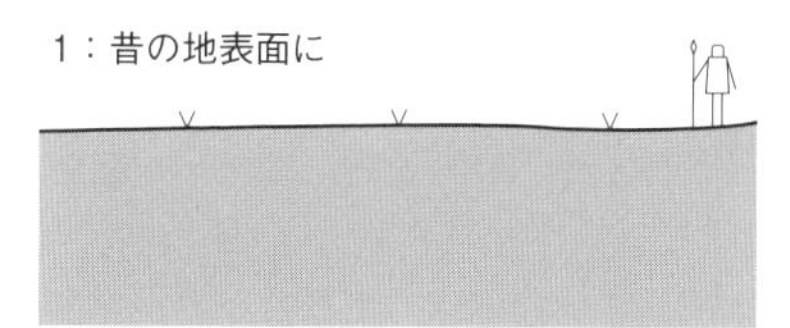

2：昔の人が穴を掘る

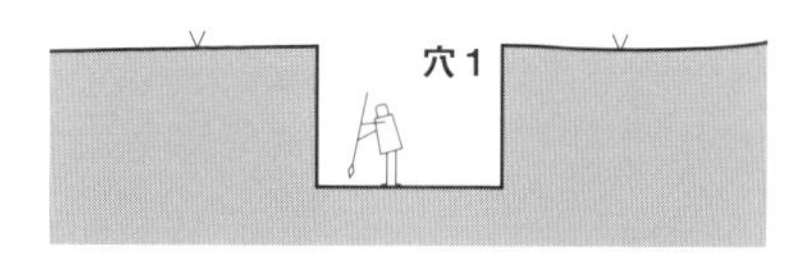

3：昔の人が掘った穴を埋める

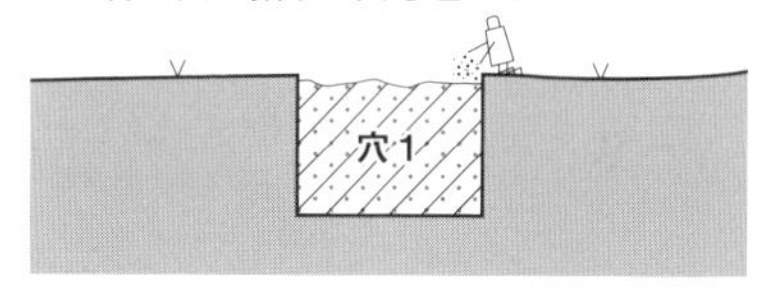

4：新たな土が堆積して穴が埋まる

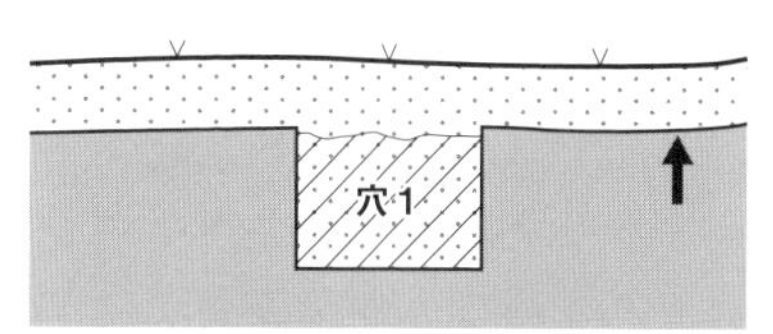

5：矢印の高さまで掘り下げ上から見る

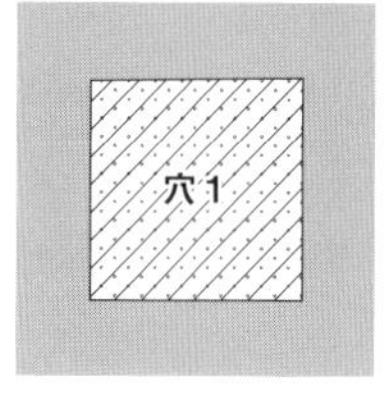

矢印↑のところまで掘り下げて上から見ると色の違いで穴の形や大きさを知ることができる。穴の中の色の違う土をきれいに掘りあげると昔の穴と同じ穴を掘ることができる。

遺構は正しいか？

まずは「遺構」の検討が行われた。「遺構」とは難しく言えば大地に残された人間活動の痕跡ということになるが、要は人が土を掘ったり、積み上げたりした痕跡のことを言う専門用語である。

私も含めて、長く発掘調査を経験してきた考古学研究者は、土を見る目には自信がある。発掘調査では掘るべき土と残すべき土を見分けて掘り進めるからだ。特に、自然に堆積した土と人が関わって動かされた土との違いを見分けることは重要だ。土の違いが人の活動痕跡かどうか判断が分かれるからだ。

東北旧石器文化研究所の調査では、石器埋納遺構も含めて前期旧石器時代人が掘った多くの穴（遺構）が認定されている。これは正しいのだろうか。

発掘調査を実施する場合、発見した遺構に埋まっている土を全部掘り上げてしまうと、調査者以外の人には遺構が正しいか否か判断ができなくなるので、発見した穴に埋まっている土を全部掘り上げず、半分残すというルールがある。調査者以外の人が遺構をチェックすることが出来るような配慮で言わばエチケットである。

上高森遺跡でも、幾つかの遺構で埋土が半分残されていた。当然検証調査団は残された埋土が本当に前期旧石器人が掘った穴と言えるのかを細かく検討した。

答えは「否」だった。

コラム１で説明したように遺構内の土は周りの自然の土と

【コラム2　人が掘ったと考えられた穴は自然の土だった】

7.　検証前の土坑 1 Pit 群　Pit2（W→）

8.　検証後の土坑 1 Pit 群　Pit2（W→）

B 地点でねつ造・誤認された遺構の検証
（『上高森遺跡検証発掘調査報告書』P.33 7.8　宮城県考古学会）

上は、東北旧石器文化研究所調査で遺構と認定され、人による土と自然の土との境に線をひいたもの。下は検証調査団がひかれた線を消し、改めて細かく検討した結果。遺構であればもう一度人の動かした土と外の自然の土との違いを境に線が引けるはずだが、ついに線はひけなかった。調査で掘られた半分の土も自然の土だったと見られる。

は違ってなければならなかった。しかし、遺構と考えられた中の土は外の土とまったく変わらなかった（コラム2)。自然の土は、水で運ばれたマンガンや鉄分でまだら模様に変色していたのだが、このまだら模様は遺構内から外にスムーズにつながっていった。つまり、人が掘り、埋めたはずの遺構はこのまだら模様を間違って遺構と認定してのかそれとも意識的にねつ造したのかのいずれかだった。

長年遺構の調査をしてきた私にとって、上高森遺跡の「遺構」は衝撃的だった。私の目には人が掘ったまたは動かしたと思える土はまったく見えなかった。自然の土のまだら模様を遺構（人為的なもの）だと誤認したにしてもひどすぎる。掘り込んだときに土が変わらないことを認識出来なかったのか。少なくとも断面観察で確認しようともしなかったのか。こんなに簡単に分かるはずの間違いまたはねつ造も東北旧石器文化研究所調査団では見抜けなかったのか。正直な私の思いだった。

石器の分布は正常だったか？

検証項目の二つ目は、石器の出土状況である。

第１図左は東北旧石器文化研究所が調査した上高森遺跡A 地区の一部での石器出土状況である。一見すると石器出土状況に問題が無いように見える。

旧石器時代の石器出土状況を知るものがこの図を見ると一つの理解が浮かぶ。「そうか、調査場所の中に旧石器人の活動痕跡の一部（ブロックと呼ばれる）が入っていて、それが

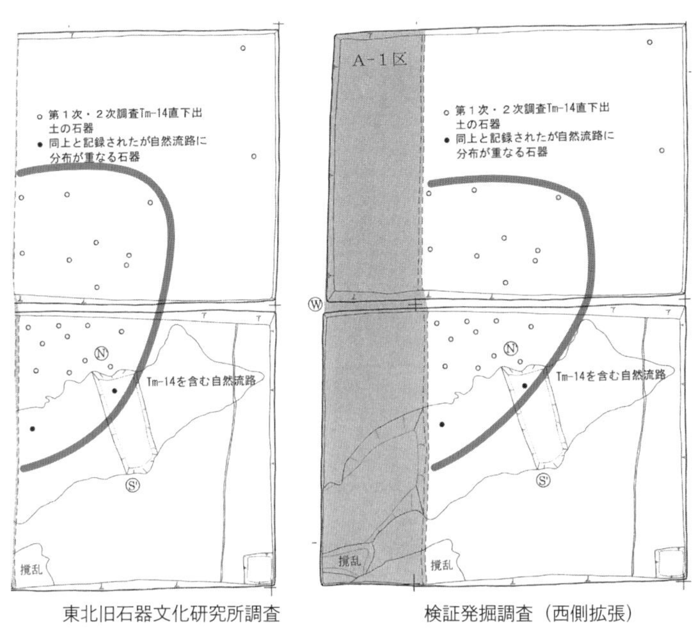

第１図　A-1区石器出土状況
（宮城県築館町上高森遺跡検証発掘調査報告書 Fig6 を改変）

みつかったのだな、石器の分布は当然もっと西側（図の左側）に延びるのだろう。」というものだ。

ブロックとは、旧石器研究で石器出土が集中している場所を呼ぶ呼称で、石器を作るなど、人の活動の痕跡と考えられている。これまでの例を見ると円形ないし楕円形に広がるケースがほとんどである。第１図の左側は、東北旧石器文化研究所による上高森遺跡A-1区の調査結果を示している。これを見る限り、図の線の内側がブロックになっていて、さらに調査区の西側に延びているとみるのが自然だ。

そこで、検証発掘では、当然石器分布が広がるであろう調査区の西側を広げた。第１図右、黒色で示した場所である。

検証発掘の結果、石器はは１点も出なかった。東北旧石器文化研究所が設定した調査区の西端と石器分布の西端が寸分の狂いもなくピタリと一致する結果となった。こんな偶然はありえない。一方で、調査区内に意図的に石器が埋め込まれたと考えればこの状況はまったく無理なく説明が可能である。藤村が関わった遺跡の検証発掘では同様の現象がいくつもあり、ここでも藤村のねつ造の結果と判断された。

石器の出土層はどうか？

上高森遺跡Ａ地点では、高森第14テフラと呼ばれる土の中あるいはその上から石器がが出土したと発表されていた。テフラとは、火山が爆発したときに噴火口から噴き出される火山灰などの総称だ。高森第14テフラは今から30万年以上も前の火山噴出物である。この土に含まれている以上、出土石器は当然30万年以上前の時代と考えられることになる。実際の出土状況はどうだったか。理屈を追いかけることになるが、少しお付き合い願いたい。

第２図１は、東北旧石器文化研究所が調査した段階の理解を示している。今から30万年以上前の土の上で旧石器人が暮らしていた。だから出土した石器は30万年以上前のものである。

ところが、検証発掘の結果、この場所には川が流れており水の力でこの場所の土が一部削り取られて失われてしまって

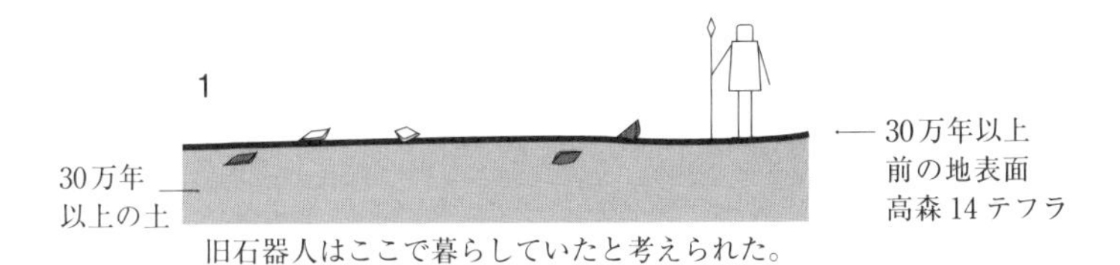

旧石器人はここで暮らしていたと考えられた。

しかし、検証発掘ではここに川が流れて当時の地表面は一部失なわれていたことが判明。流路の部分に石器があったにしても失われている筈。

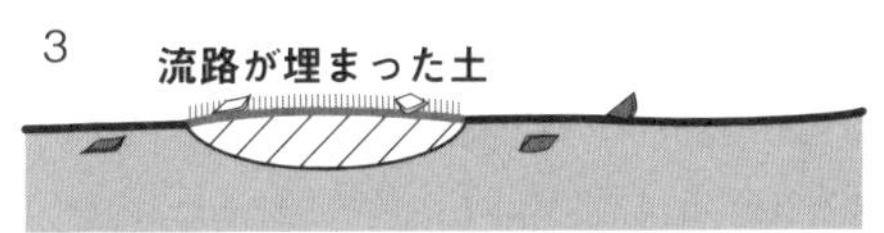

しかし、東北旧石器文化研究所の調査では、時代が違う筈の川の流路が埋まった後の違う時代の土の上からも石器が出土。

第2図　上高森遺跡旧石器出土層位様式図

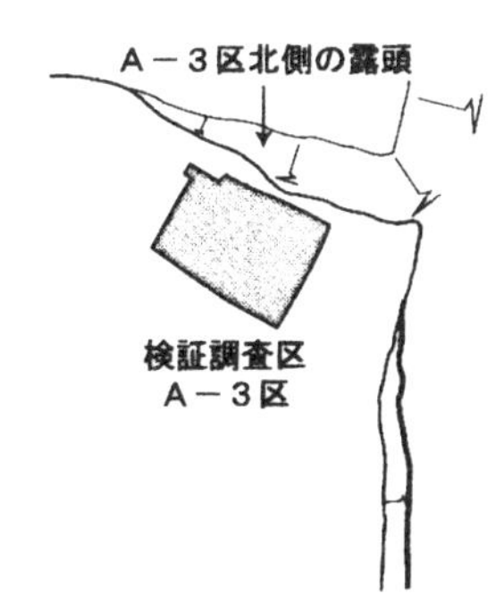

第3図　石器が発見された崖（露頭）と検証調査区

いることが分かった。第２図２の状態である。━━線は当時の地表面だったはずの位置を示している。旧石器人が活動した結果残される石器は、当然この━━線の上またはその下から出土するはずだ。

しかし、実際には川の流路部分では、川が時間を経て埋まり、その埋まった土の上からも石器は出土したことになっている。┷┷┷線で示した土の上面は、━━線で示した土よりも後の時代の地表面なので、石器は違う時代（━━線が古く┷┷┷線が新しい）の土（層位）にまたがって出土したことになる。

結局のところ、上高森遺跡Ａ地区で出土した前期旧石器とされた石器群は、出土した層が複数にまたがっていて、時代が特定出来ないことになる。同じ時代の石器群が出土する土は同じ層でなければならない。この原則から見て、この石器群を本来の位置から出土した石器群とは認定できない。これが結論である。

崖から発見された石器の分布は土の中に広がっていったか？

上高森遺跡の北東の端に小さな崖がある。かつてこの崖面でこの遺跡の最も古い今から50万年を遡ろうかという地層から13点の石器が採集された（第３図では露頭）。断面から採集されるということは、この崖の周辺に石器分布の広がりがあると考えるのが普通だ。深い層にある石器群分布の広がりの一部がたまたま崖に姿を見せているとの理解である。

検証発掘では、この理解が成り立つか否か確認するために、近いところで崖から１ｍしか離れていない場所に大きな調査区を設け、徹底した調査を行った。この地区の担当は旧石器研究者であったから、なんとかして前期旧石器を発見したいという思いもあったのかもしれない。

しかし、石器はまったく出土しなかった。そうすると、おかしな事になる。崖のところに石器が崖の線にそって一直線に並んでいたということになる。しかし、そのような出土状況はこれまでの旧石器時代調査でも一例もない。あり得ない状況なのだ。

結局、上高森遺跡の検証発掘では、東北旧石器文化研究所で発掘した場所以外石器は出土しなかった。かつて断面に石器がたくさん突き刺さって出土した場所の近くでも検証発掘で新たに掘った場所では一切石器は出土しなかった。つまり、藤村が関わった場所以外では石器は出土しないことが検証発掘の示す事実だった。

検証発掘の結論

上高森遺跡検証発掘調査団の結論は「上高森遺跡が旧石器時代の遺跡として成立しうる証拠は、一切発見できなかった。」「上高森遺跡はその発見段階から前期旧石器時代の遺跡として全面的にねつ造され続けたものであると判断される。」（上高森遺跡検証発掘調査報告書）であった。

この結論は、平成5〜7年、10〜12年の6年間にわたって実施された発掘調査成果のすべてを否定し、出土した263点の石器すべてをねつ造と判断したものだ。ねつ造は部分的に行われたのではなく、全面的に行われたことが明らかになった。

毎日新聞社による追求に「魔が差した」「皆々ではない」と藤村は答えている（毎日新聞旧石器遺跡取材班　2001年『発掘捏造』毎日新聞）。しかし、藤村の言葉がまったく真実を語っていないことが検証発掘で明らかになった。

それにしても、上高森遺跡出土資料総数263点がすべてねつ造というのは驚きだった。研究者の中には藤村が関連した遺跡の石器の総数は数百点にのぼることについて、この点数すべてのねつ造が出来るものかという疑問が多くあったからだ。しかし、石器数の多さはねつ造の反証とはならないことが明らかになった。藤村は数百点のねつ造を実際にやっているのだから。

ねつ造の手口

じつは、検証発掘を進める過程で、石器が３点発見された。発見当初、上高森遺跡が前期旧石器時代の遺跡であることを示す資料の可能性が考えられた。しかし、詳細な検討の結果、石器の周囲に怪しい痕跡があることが分かった。

第４図１に観察された痕跡の様子を示した。黒色内に点を打った表現をした範囲が出土石器なのだが、石器の下とまわりに削って平にしたような場所があり、その平らな面に土に含まれている黒い粒が動いている様子が観察された。

これは、石器がそこに置かれる前に第４図ａのようにするどい刃先を持つ道具が差し込まれたことを示している。油絵を描くときに使われるペインティングナイフにイメージが近

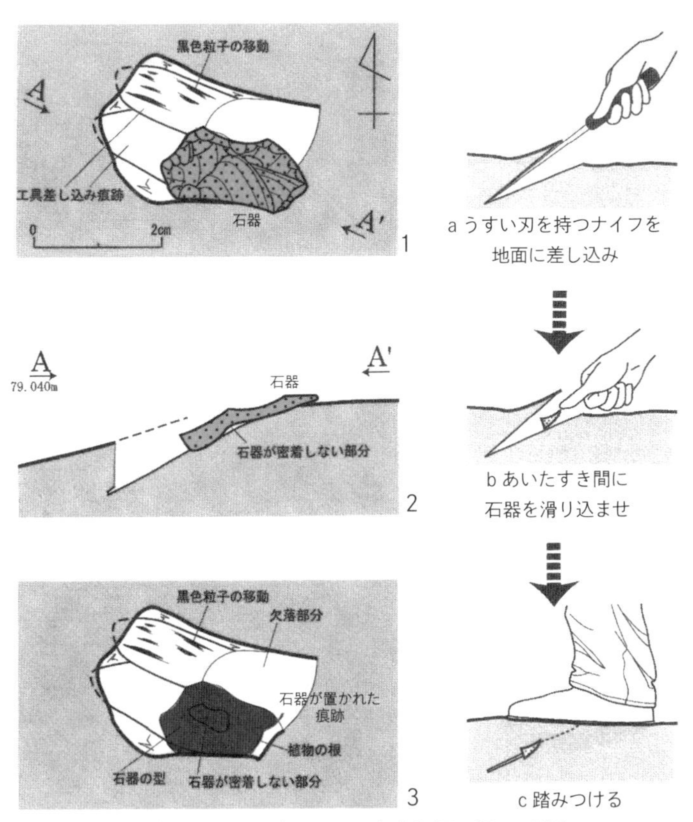

第４図　石器埋めこみ痕跡と埋め込み手順
(上高森遺跡検証発掘調査報告書 Fig32・33を改変、再構成)

いかもしれない。

石器はこの刃物が差し込まれた面に直接乗っていた。第４図３黒色部分である。つまり、刃物が差し込まれた直後に石器がおかれたことになる。出土した石器は後世の人が意識的に埋め込んだものとみるほかはない。

【コラム3　検証発掘の来訪者】

上高森遺跡検証発掘のさなかにＡ氏がやってきた。Ａ氏は藤村が関連した前期旧石器には疑問があることを早くに指摘していた人物で、ねつ造事件についても多く発言してきた旧石器時代研究者だ。

その日私は調査現場にいて、Ａ氏を案内することになった。私は同じ研究者としてＡ氏を調査区内に招き、私の可能な限り詳細に説明しながら現場を案内した。Ａ氏は特に見解を述べるでもなく私の説明を聞いていた。

その夜、検証発掘メンバーとテレビを見ていたら、突如Ａ氏の姿がテレビに登場した。

じつは、Ａ氏はテレビ局とあらかじめ連絡を取り遺跡にやってきたのだ。テレビカメラは私がＡ氏を案内する様子を捉えていた。現場内にテレビカメラを持ち込むことは許可してないから、超望遠カメラで撮影したに違いない。もちろん私に撮影していることは知らせず、まして許可も得ていない。無断撮影だ。肖像権などあったものでない。

テレビでＡ氏は検証発掘の成果などにはほとんどふれず、地元テレビの若いニュースキャスターに自然石と明瞭な石器を見せ、「彼ら（宮城の旧石器研究者）にはこの違いさえも分からないんですよ」としたり顔で発言。ニュースキャスターは「こんな物も分からないんですか、私にだって分かります」と応じた。

これは事実と違っている。自然石と明瞭な石器の区別が付かない研究者はいない。Ａ氏は、ねつ造事件を誇張して伝えたのである。これを見ていた検証調査団のメンバーはテレビに向かって「何を言うか、違う」と叫んだ。

私たちがねつ造事件の検証に取り組んでいるのは、一刻も早く事実関係を明らかにして社会にお伝えすることで、考古学という学問の信頼を取り戻すためだ。Ａ氏のテレビでの発言は検証調査団の努力を踏みにじる行為だった。

埋めこまれた石器は、東北旧石器文化研究所の調査で多数の石器が出土した場所から出土している。この場所からかつて出土した石器群も同様な手口で埋め込まれたに違いないと判断された。

改めて、明らかにされた石器埋め込みの手口はこうだ。

藤村は、埋め込む場所を決めたら、その場所に素早く刃物を差し込み、刃物をやや持ち上げて隙間を作り（第4図a）その隙間に石器を滑り込ませ（第4図b）その後踏みつけて埋め込み痕跡を隠して終了する。

埋め込みに要する時間はわずかだろう。宮城県考古学会特別委員会情報資料調査チームによれば10秒未満と推定されている。

藤村は埋め込みにあたってあらかじめ一見して縄文時代石器と分かる資料を避けた上で埋め込む石器を用意して持ち込み、用意した刃物を使って埋め込んでいる。計画的な犯行であり、「魔が差した」というようなものでは決してない。藤村は大きめの作業服を着ていたという。これも石器を怪しまれずに持ち込むために用意したのだろう。

藤村の埋め込み方法を知って、私は唸ってしまった。多くの考古学専門家も同じだったのではないか。というのは、考古学を学び経験を積んだ専門家は人が掘った穴は絶対に分かると自負している。考古学者はコラム1のように人為的に掘られた穴は周りの自然の土とは違う土で埋まると知っているからだ。私も含めて多くの考古学者は、自然の土と埋まった土の違いがどんなにわずかでも、経験を積み重ねれば判別できると考えてきた。

しかし、藤村の埋め込みはこの方法では見つけられない。痕跡はごくわずかな隙間だが、踏みつけられてしまえばそれも判別困難だ。

私には、かねてねつ造の痕跡がなぜ見つけられなかったのかが疑問だった、しかし、この手口では見つけられないのは当たり前だ。藤村は考古学の方法では見つけられないよう意図的にこの手口を使ったとしたら相当悪質だ。

8　宮城県考古学会特別委員会の結論

宮城県考古学会検証委員会は、2年間にわたって活動した。「宮城考古学」第3号〜第5号誌上で年次報告をし、活動が1年間継続したところで、中間報告をしている。

中間報告

中間報告は、2001年1月19日に行われた。岩沼市民会館で開催された第13回宮城県遺跡調査成果発表会に引き続いて行われた報告会での口頭発表である。文字で残されていないため、資料Ⅶとして全文を掲げた。

中間報告の詳細は資料Ⅶを参照していただきたいが、ねつ造発覚後1年間の検証活動の成果を述べたもので、要約すれば以下の通りである。

・上高森遺跡出土石器全体に重大な疑義がある。

・藤村の調査参加と石器の出土との間には本来あるはずのない相関関係が明瞭に認められる。

- 宮城県考古学会は上高森遺跡検証発掘調査団を、日本考古学協会、東北日本の旧石器文化を語る会へ呼び掛けて結成し、その中心を担った。
- 日本考古学協会と共同して実施した石器検討の結果、検討されたすべての藤村関与遺跡出土石器に疑義のある石器が含まれていた。
- 日本考古学協会による藤村との面談の結果得られたねつ造告白の内容と石器検討結果は整合している。
- 疑義のある石器群には国指定史跡座散乱木遺跡出土資料が含まれている。
- 1993年以後の、「上高森遺跡をはじめとする宮城県内の藤村関連遺跡」の調査成果には疑問が多く、発掘調査に際してねつ造行為があったことが濃厚に疑われ、学問の資料としては使用できない。
- 1992年以前の藤村関連遺跡の調査成果には石器検討からの疑問、ねつ造の告白があり、今後さらなる検証が必要。

これが宮城県考古学会特別委員会が１年間検証活動を行った成果である。

私は、できるだけ早くねつ造の実態を明らかにして社会にご説明し、信頼を取り戻したいと考えていた。一般論として不祥事が起きたときには、できるだけ早く事実関係を明らかにし、その原因を探り、原因を解消するための方策を示すことが信頼回復につながると言われる。私はその通りだと思っていたからだ。

私の作成した最初の中間報告原案はもう少し踏み込んだ（ねつ造の存在をきちんと認める）内容だった。

しかし、原案を石器検討チームに示したところ、書きすぎている（ねつ造と決めつけている）というクレームがあり、3回の書き直しを経てようやくOKがでた。

石器検討チームにはねつ造の認定にはきわめて慎重なメンバーがいて、中には「検証には10年はかかる」という意見があったほどだ。私は表だった反論はしなかったが、心の中では10年もかかってしまったら、考古学は社会の人々に自浄作用が働かない不要な学問とされてしまうとつぶやいていた。

このような経過をたどったため、中間報告は一字一句変えられないことになった。私は口頭発表の際に趣旨は変えずにその時の流れで多少言葉を換えながら話すのが常だったが、この時ばかりは資料Ⅶに示した原稿を正確に読み上げることに専念した。報道された画像にはその時の堅い表情が残されている。

ところで、上記報告の中で1993年以後と1992年以前と分けて書かれ、取り扱いに違いがあることに違和感を感じられた読者も多いと思う。

1993年に上高森遺跡第1次調査、山形県袖原遺跡第1次調査が行われた。東北旧石器文化研究所が前年に発足し、活動を始めた年である。中間報告が1993年を境に対応を変えたのは、背後にねつ造は東北旧石器文化研究所の活動の中で行われ、それ以前の高森遺跡、座散乱木遺跡などの東北歴史資料館や石器文化談話会などの調査ではねつ造は行われていないのではないかという意見があったからである。

実際、私は著名な研究者から電話で、ねつ造は東北旧石器文化研究所の調査だけにとどまるのではないかと伝えられた。残念ながら私は「ねつ造は古く遡ると考えている」と返事せざるを得なかったが。

宮城県考古学会特別委員会報告

2002年5月18日に宮城県考古学会平成14年度総会、発表会が開催された。座散乱木遺跡検証発掘調査も終わりに近づき、ねつ造されたことがほぼ判明した段階である。私は特別委員会を代表してと総括的な報告（資料Ⅷ宮城県考古学会旧石器発掘「ねつ造」問題特別委員会活動報告）を行った。報告内容は2年間にわたる宮城県考古学会特別委員会の活動が主であったが、特にねつ造が1974年にまで遡ること、ねつ造を見破ることが出来なかった理由は考古学という学問の未熟さにあることを強調した。その後の記者会見では、ねつ造の始まりと今後の方策に質問が集中した。

宮城県考古学会特別委員会の結論は、藤村の全面的なねつ造を認め、従来主張されてきた前期旧石器の存在を全面的に否定するものだった。ねつ造発覚後約2年半に結論を得られたことは、社会に対する説明責任を果たす上で有効であり、地元の考古学会としての役割を一定程度はたすことができたと考えている。惜しむらくは、今後どのよう姿勢で考古学研究を進め、社会の信頼を取り戻そうとするのか、道筋が示せなかった。特別委員会委員長として悔いが残る部分である。

宮城県考古学会特別委員会最終報告

最終報告は宮城考古学第５号誌上で行われた（(旧石器発掘「ねつ造」問題特別委員会　2003年　「旧石器発掘「ねつ造」問題特別委員会最終報告」『宮城考古学』第５号)。

２年間にわたる活動のうち2001年度は中間報告の内容をやや断定的に記述している。新たに加わった2002年度報告分の内容は以下の通りである。

・藤村コレクション（藤村が自室に保管していた石器群）には石器文化談話会活動開始の頃からの資料があり、前期旧石器の発見が考えられた頃に当時前期旧石器的と見られた石器が含まれている。

・座散乱木遺跡断面採集石器は、検証発掘結果と照らし合わせるとねつ造されたものと考えられる。中には1974年4月、1975年11月、1976年5月に断面採集された石器が含まれており、ねつ造は石器文化談話会結成前の共同調査、石器文化談話会第１回、最初の踏査の時まで遡る。

・ねつ造は初期の段階から、研究の進展に合わせて行われていた。ねつ造の範囲は１都１道７府県に及ぶ。

総括部分では、教育界、文化財行政、社会的な影響などが論じられた上でねつ造が長年続けられたにも関わらず認識出来なかったことについて最大の原因は「石器の出土を十分に検証することなく事実と捉え、その事実を説明出来るように遺跡・遺物の形成過程と石器群の理解を繰り返してきた」点にあるとする。

事実関係に加えて最終報告では以下の認識が加えられた。

長期にわたってねつ造を認識出来なかった理由

- 古い地層から石器が出土するという遺跡から認識された事実を無批判に受け入れ、石器の出土状態などを科学的に検証しなかった。結果として石器が水平に出土することや出土層位が火砕流にあたることなど不自然な状況を生活面が保存されている、火砕流堆積に休止期間があったなど石器が出土することから状況を理解しようとする逆転の論理が組み立てられた。
- 石器研究では、前期旧石器に関わるねつ造では、比較すべき資料が少ない中で国際的にもある程度予測される資料に類似したものに始まり、ねつ造が積み重ねられていったため、既成事実となり、批判的な視点が失われていった。縄文時代の石器と区別しがたい資料の存在も前期旧石器の一部として受け止められ、後の時代の技術である押圧剥離、加熱処理の存在も的確に把握できないなど石器研究の未熟さがあった。
- ねつ造された資料群で編年体系が組み立てられて、新出のねつ造資料もその中で説明されてしまい、矛盾が生じなかった。
- 藤村の石器発見頻度の高さは、藤村の長く熱心な分布調査の中で得られた特異な能力と理解されるようになり、近年の前期旧石器探索では、石器の発見を藤村の特異な能力に頼ろうとする姿勢が見られるようになった。

この時点では、藤村のねつ造告白があり、多くの遺跡の検証発掘ですべてねつ造との結論が出されたこともあって、藤村が関与した遺跡の石器群はねつ造が疑われ、学問的な資料として使えないことが示された。

宮城県考古学会特別委員会はこの最終報告を持って活動を終了する。

第3章
日本考古学協会特別委員会での活動

日本考古学協会前・中期旧石器問題調査研究特別委員会（以後協会特別委員会）は、6ヶ月にわたる準備会活動を経て、5月19日の総会決議により設置された。

協会特別委員会は戸沢充則委員長、小林達雄、春成秀爾両副委員長のもと、総括部会、第1～5作業部会に分かれ総勢51名で構成された。私は総括部会、第2作業部会に属したが、特別委員会全体の活動は多岐にわたり、私の知り得ないことも多い。協会特別委員会の活動は、刊行された報告（日本考古学協会　2003年　『前・中期旧石器問題の検証』）に詳しい。ここでは私が直接関わった活動の実際を述べたい。

1　協会特別委員会との出会い

協会特別委員会戸沢充則委員長との出会いは、藤村とともに前期旧石器の調査を進めていた鎌田俊昭氏の自宅だった。ねつ造が発覚した翌年、2001年3月23日のことだ。

その日、協会特別委員会（当時は準備会）は藤村が自宅自室に置いていた石器群（Fコレクション）を確認の上封印するために、保管してあった鎌田氏宅を訪れた、当時宮城県考古学会特別委員会（準備会）だった私に立ち会いが要請され、鎌田家を訪れた。当時宮城県考古学会は、Ｆコレクションは公開すべきと考えていたが、当面の措置として封印を受け入れた。

この後、協会特別委員会とは何かと連絡する機会があり、協会から、地元宮城県の考古学会とのつなぎ役として協会特別委員会委員となるよう要請され、受け入れた。以降、二足のわらじを履くことになり、両者の狭間で難しい舵取りを迫られることも多かった。宮城県には日本考古学協会への反感を抱く研究者も少なくなく、いったいどちらの立場で動いているのかという私への批判も多かったと聞いている。

2001年５月20日に開催された公開討論会席上、戸沢委員長は準備会総括報告を行い「向後１年間を目途に学会としての一定の判断を得るようにする」と今後の活動方針を示した。

宮城県の考古学界では、この方針はきわめて不評だった。多くの研究者は１年間なんかでねつ造問題に判断など出来るはずがないと考えていたからだ。

しかし私はこの方針に心から共感した。私もできるだけ早く事実関係を解明して社会に説明し、反省の上このようなねつ造が再度おこなわれることがないように改善案を示すことこそが「考古学」という学問が社会からの信頼を回復し、存続するための唯一の道だと信じていたからだ。学問は社会からの承認なしには存在出来ないことは自明の理だ。

協会特別委員会は、総括部会、作業部会合わせて合計51名で構成された。協会から委嘱された委員と公募された委員の混成部隊であり、思惑を抱えている委員もいて、方向性が定まらない印象だった。また、報道関係との関わり方も様々で、特別委員会の内容はすぐに報道の伝えるところなっていた。当時の報道はかなり加熱している印象で、社会の反応も大きく、特別委員会の全体的な運営には、難しい部分もあったように記憶している。

2　藤村との面談

藤村との面談結果は、2001年10月の日本考古学協会岩手大会の戸沢委員長による報告「旧石器問題の検証はどこまで進んだか」で口頭報告された。報告は日本考古学協会による検証報告（日本考古学協会2003年『前・中期旧石器問題の検証』）にも採録されている。面談の記録は日本考古学協会に保管されている。ここでは、私の記憶している面談の過程をやや詳しく説明したい。

第1回面談

2001年5月24日、私は柳田俊雄氏とともに戸沢委員長に呼び出された。早朝の朝7時30分、場所は仙台ガーデンパレスホテルの喫茶室である。

呼び出された理由は、前日に藤村新一と会い、数人で面談できることになったので、地元としての協力を依頼をするためだった。柳田氏とともに快諾、このことは極秘扱いすることになった。

前日の23日に戸沢委員長は、教え子にあたる鎌田俊昭氏の案内のもとに福島県内の病院に入院していた藤村と会い、面談への協力を取り付けていた。これが第１回の面談である。ただ、主治医との相談で藤村の病状を悪化させないため、面談は日本考古学協会だけに限り、極秘とすること、主治医が同席することを約束していた。面談が広く知られると多くの報道関係が面会を求め混乱を招くと共に藤村の病状が悪化することが心配されたからだ。

毎日新聞が第２のスクープ（毎日新聞旧石器遺跡取材班　2002年『旧石器発掘捏造のすべて』）とする記事が掲載されてから、面談を実施していることが広く知られてしまった。当然、取材や別組織による面談が熱望され、私も藤村の所在等を明かすように多くの先輩達からせまられた。私は頑なに明かさなかった。理由はひとえに主治医との約束を守り、混乱を招かず、藤村の病状悪化を防ぐためだった。

第２回面談

第２回面談は５月30日に実現した。場所は福島県南相馬市内の宿泊施設大広間である。

参加者は日本考古学協会から戸沢委員長、矢島國雄氏、谷川章雄氏、宮城県考古学会から佐川正敏氏と私、それに研究者として柳田俊雄氏、面談を仲介した鎌田俊昭氏を加えたメンバーである。藤村新一には主治医と弁護士が付き添った。

面談の状況を録音することは、藤村にプレッシャーをあたえるのをはばかって控えた。代わりに私がメモをとり、その後形を整え、戸沢委員長が確認したうえで記録として残すことにした。以後4回の面談はいずれも同じ方法で記録を作成した。現在この記録は戸沢委員長から日本考古学協会に渡されている。いずれ何らかの方法で公開されることと思っている。

面談は藤村の様子を見ながら、途中であっても主治医が限界と判断した時点で終了する約束で始められた。

参加者が固唾をのんで待つなか、藤村は主治医につきそわれ、背中を丸めてのっそりと現れた。表情は読み取れなかったが、幾分かの緊張感が伝わってきた。

面談は藤村から戸沢委員長宛の上申書が手渡されて始まった。上申書には、「1998年12月以降は自分でも分からないので、協会の検証にお任せしたい。1998年以前についてはねつ造はないと信じたい。」の意が示されていた。合わせて主治医から記憶が曖昧な部分があるとの補足があった。

面談は、戸沢委員長から「自分たちでやってきた発掘などについて覚えていること」を問う質問から始まった。

藤村は、座散乱木遺跡、馬場壇遺跡以外は覚えていないとしながらも、瓢箪穴での石器出土状況などを懐かしげに語った。この後馬場壇遺跡について問われると、層位的な認識も含めて石器の出土状況を具体的に説明した。

このあたりまでは記憶が鮮明なようで、よどみのない口調で説明は明快だった。

続いて座散乱木遺跡についてとわれると、ひとわたり石器発見の物語が語られた。重ねて座散乱木遺跡出土資料に疑問があることを指摘されると、明瞭に否定した。自分以外の人が掘っていることなどが根拠だった。また、他の人には見えない地層の線が見え、そこから石器が出土するとの説明があった。

休憩後、面談直前に検証発掘が行われ、ねつ造であることが発覚した一斗内松葉山に話題が移り、最初は否定したが、検証発掘結果を示されると記憶はっきりしないと態度を変えた。

この時点で藤村の話は脈絡がたどれなくなり、柳田氏から原瀬笠張遺跡について尋ねられた時に応答できなくなってドクターストップがかかって第１回面談は終了した。

第２回面談終了後

第２回面談で藤村は、上申書で1998年以前はねつ造していないことを示す一方、ひょうたん穴、座散乱木、馬場壇などの調査をなつかしそうに語った。しかし、いざねつ造の有無を問われると否定し、検証発掘結果を提示して問い詰めると脈絡のない話に逃げ込むか固まってしまった。残念ながら第２回面談では新たな情報は得られなかった。

私は、面談の結果に失望していた。このような状況では面談を続けても藤村からねつ造に関わる情報を得るのは難しいのではないかという疑念を抑えられなかったのである。

そこで、戸沢委員長と相談の上、主治医を訪問し、藤村の病状と面談継続の可否についておたずねした。

主治医は、面談実施後に病状はやや変化したが、面談は可能と考える。また、1998年以前の記憶は心許ないが、1998年以後の記憶は明瞭だと思うとの答えだった。

この答えを得て次回の面談を実施する方向が定まった。ただ、第２回と同じやり方では成果を得られないのは明らかだったので、作戦を考えた。漫然と質問したのでは、覚えてないあるいはねつ造していないと答えられてしまう。そこで、検証発掘などで明らかになった事実を伝えて藤村に答えを求める方向を考えた。問い詰める形だ。

作戦会議

2001年７月８日、仙台ホテル２階喫茶室に鎌田、梶原、柳田、佐川、辻の５名が集合した。傍から見れば異様な集団に見えるだろうと思いながら打合せ開始。第３回面談にむけての作戦会議だ。折から山形県袖原遺跡検証発掘のねつ造痕跡が明らかにされつつあり、翌日には報道発表が行われる予定だった。検証で明らかになった事実関係を踏まえねつ造の有無を問う形で進めることで意見は一致した。

第３回面談に備えて作成したシナリオが以下のものだ。

第３回面談シナリオ

1、最初に袖原の発掘結果を踏まえて、疑問点を具体的に写真や図を示しながら質問する。遺跡ごとの質問は以下のように考えた。

袖原遺跡発見地点

出土した２点の周辺を広げたが石器は出土しなかった。
埋め込みの可能性が高いと判断されている。
これを埋め込んだのか、埋め込んだとしたらいつどうやって。

第１文化層

1993, 1994年の調査の時には百数十点出土している。我々もこのような分布密度の高さからも石器の分布が調査時のトレンチを越えて広がっていくものと思っていた。結果はトレンチの外では石器がまったく発見されなかった。
トレンチの中から３点出土したが、いずれも明らかに埋め込みの痕跡をともなうものだった。
出土層位も層が傾いているにもかかわらず水平に分布しており、おかしい。
これらを埋めたのか。
100点を超える石器すべてが埋め込みか、埋め込んだとしたらいつどうやって。
朝に宿舎を抜け出したのを宿の人が見ている。そのときに埋めたのか。

下位の文化層

第１文化層と同様に掘り広げたが、出なかった。石器も表面採集資料と同じようなキズがついていて、疑問が多い。
これらを埋めたのか。
埋め込んだとしたらいつどうやって。
下層の渋谷氏が掘ったものも埋め込みか。

接合資料

接合資料の出土地点の周辺を掘ったが石器は出土しな

かった。

接合面そのものも新しい面という意見がある。

2、袖原で正確な話しをしない状態で行き詰まったら、上高森遺跡の発掘の予定があることを説明、今話しをしなくても結果はやがて明らかになることを前提に、疑問点をただす。

上高森遺跡

2000 年以前の埋納遺構

出土状態（上高森遺跡の不審点を各自が抽出したうえで聞きただす。）

3、袖原、上高森遺跡でねつ造を否定し続けた場合、面談はここで終了する。

事実を話し始めた場合、関係した遺跡について古い段階のものから時間軸に沿ってねつ造の有無を質問する。この場合それぞれの遺跡について不審な点を指摘した上で説明を求める形で進行する。細部には話しをもっていかずに遺跡単位で時間にそって質問をする。（話しが脇道にそれないように）藤村がこのような質問に正確に答えていくようでであれば、あまり間をおかずに次回を考える。

第 3 回面談

第 3 回面談は 7 月 25 日に行われた。参加者は戸沢委員長をはじめ矢島、鎌田、梶原、柳田、佐川の諸氏に辻が加わった。

面談冒頭、戸沢委員長から袖原遺跡をはじめ、藤村が関わった多くの遺跡で検証がすすめられており、いずれも問題があることが判明してきている。これまで共にやってきた仲間をこれ以上苦しめないためにも、今日は本当のことを言ってほしいと述べられた。藤村は、今日は私の中にある「ねつ造」あるいはねつ造に近いものを全部さらけだして洗いざらい言う覚悟であると述べて面談は始まった。

戸沢委員長に促されて藤村は話し始めた。最初は検証発掘で発見された3点（調査でねつ造痕跡が指摘された）について明確に「やってしまいました」と認めた。

次に藤村の話は断片的になり、埼玉県長尾根遺跡で一部のねつ造を、宮城県中島山遺跡は一部埋めたこと、埼玉県並木下遺跡は間接的ながら埋めたことなどを認めた。

一段落ついたところで、事前のシナリオの通り個別具体的な質問に入った。最初は山形県袖原遺跡である。質問は主として鎌田、梶原両氏である。

両氏は袖原遺跡でのねつ造は埋め込み痕跡が見つかった3点だけというが、検証発掘で新たな出土がなく、出土状況はどう見ても不自然であることを説明し、ねつ造ではないかと問うた。藤村は最初3点以外を否定したが、やがて記憶（ねつ造の記憶か？）がないになり、最後は感情的になって否定した。

続いて上高森遺跡について埋納遺構（ねつ造が発覚した遺構を除く）はどうか、1999年以前の調査成果はどうかなどの質問があり、藤村がねつ造を否定する中で精神的に追い詰められた状態になり、ドクターストップがかかった。

第３回面談終了後

第３回面談を終えて、真実を聞き出すのは極めて難しいことだと痛感した。藤村はごく部分的なねつ造は認めるものの、出土資料全体のねつ造は否定し、問い詰められると感情的になり、混乱して精神的に閉じこもってしまう。どうすれば真実にたどり着けるのか、思い惑いながら仙台に帰り着いた。

面談の方針転換

第３回面談終了から１週間経って私は藤村の様子が気になり、主治医に電話した。

主治医は以下のように伝えてきた。

・当日藤村は相当緊張していたようだ。当日面談前に２回、面談中１回合計３回の服薬をしていた。面談終了後はぐったりしていた。

・長く調査を共にしてきた鎌田、梶原・柳田の３氏には裏切ったという心理的な圧迫があるようで、３人が並んだことに相当なプレッシャーを感じていたようだ。

・今後は手紙などで疑問点を示し、その答えをもらった上で確認の面会をしたほうがいいのではないか

・面会者は直接の関係者よりも、戸沢委員長、辻などの学会関係者がいいのではないか

面談の実施に関わる主治医の指摘は私も同感だった。特にあらかじめ質問を送り、回答を求め、確認のための面談を行うことは、まどろっこしいけれど真実に近づく確実な方法だと考えた。主治医の所見に私の意見を添えて戸沢委員長に伝

え、賛同が得られた。

ねつ造遺跡リスト

2001年8月13日、藤村の主治医から自宅に電話があったと伝えられた。何ごとかと折り返したところ、「藤村が1999年以降にねつ造した遺跡をかきだしたもの（リスト）を主治医に手渡した」とのことだった。あまりの急展開に驚きながら、リストを自宅に郵送するようお願いした。藤村は面談を希望しているとのことだったので、戸沢委員長と相談してできるだけ早く面談を実現するよう調整に入った。

翌14日、郵送されたリスト（実物写真）を受け取った。リストには自筆で1999年から2000年にかけての遺跡名が日付順に並んでいた。最初の段階では合計26遺跡がリストアップされ、後に6遺跡が追加されて32遺跡のリストとなった。リストは1999年から2000年にかけての限られた時期のものだが北海道から埼玉県まで広い地域に渡って頻繁に行われていることが分かる。

このリストを初めて見た時の思いが今もよみがえる。これは大変なことだ。遺跡を調査した組織には大きな衝撃となるに違いない。私にとっては考古学を学んだ母校東北大学考古学研究室が調査した遺跡が含まれていることも大きな衝撃だった。取り扱いは慎重にしなければならない。様々な思いが交錯した。

直ちにこのリストを戸沢委員長に送付し、対応を考えることになった。戸沢委員長はこのリストの信頼性を確認する必

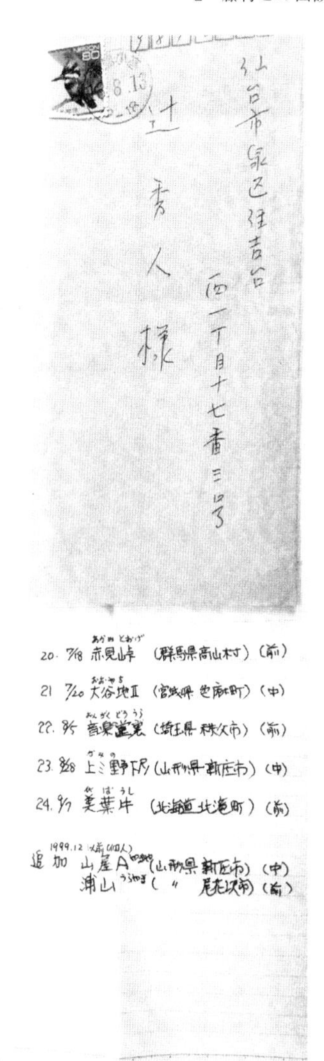
仙台市泉区住吉台西一丁目十七番三号
辻　秀人様

1999.1～2000.12
(1999)
1. 9/1 一斗内松葉山遺跡(福島県安達町)(前)
2. 11/10 袖原6 (山形県尾花沢市)(〃)
3. 11/23 金沢山新堤Ⅱ (〃 新庄市)(中)
4. 12/1 蟹沢Ⅱ (宮城県岩出山町)(前)
5. 12/3 薬莱山No.39 (〃 小野田町)(中)
6. 12/4 〃 No.40 (〃 〃)(中)
7. 12/4 桧木入 (埼玉県秩父市)(前)
8. 12/20 安養寺Ⅱ (宮城県岩出山町)(前)

(2000)
9 3/5 沢崎(風穴の下)(岩手県大迫町)(中)
10 3/8 万願寺 (埼玉県川本町)(中)
11 3/9 寺尾Ⅰ (〃 秩父市)(前)
12 寺尾Ⅱ (〃 〃)(〃)
13 5/6 下川田北沢 (群馬県沼田市)(〃)
14 6/6 長尾根北 (埼玉県秩父市)(〃)
15 6/23 下美蔓西 (北海道清水町)(〃)
16 6/27 天狗鼻 (〃 羅臼町)(中)
17 7/12 十三仏 (埼玉県秩父市)(前)
18 7/13 並木下 (〃 〃)(〃)
19 7/14 小鹿坂Ⅱ (〃 〃)(〃)
20. 7/18 赤見峠 (群馬県高山村)(前)
21 7/20 大谷地Ⅱ (宮城県色麻町)(中)
22. 8/5 音楽堂裏 (埼玉県秩父市)(前)
23. 8/28 上ミ野下尺(山形県新庄市)(中)
24. 9/7 美葉牛 (北海道北竜町)(前)

1999.12以前(個人)
追加 山屋A (山形県新庄市)(中)
浦山 (〃 尾花沢市)(前)

郵送されたリスト(実物写真)
筆者はその後転居(この住所は現在使われていない)

要があるとし、早急に確認のために面談を実施する必要があると判断した。また、このリストを手がかりに1999年以前のねつ造行為の有無を明らかにする必要性も考えられた。

面談のメンバーも同意見で、早速早期の面談実現にむけて動き出した。

第4回面談にむけての準備

第4回面談は、主治医を通じてのやりとりで9月13日に決まった。面談では、リストの確認と合わせて1998年以前のねつ造行為の有無を知るために質問項目を作成し、あらかじめ送付し、個別項目に答えてもらう形で進めることになった。

以下は質問項目である。

藤村への質問

1　袖原3遺跡についておたずねします。

今年の再調査で発見された3点の石器すべてがねつ造と判定されました。そして、1993、1994年に発掘して多数の石器が出た第1次、第2次調査の周辺などを広範囲に発掘しましたが、石器は1点も発見されませんでした。このことについて、接合石器や今回発見された3点の石器について、貴方は前回の面談でねつ造の存在を認められました。再発掘でこれまで分かった事実からだけでも、第1文化層から第7文化層までのすべての石器がねつ造の疑いがもたれるのは当然だと思います。また、袖原3遺跡が遺跡でないとして登録から抹消されると伺っています。改めて袖原３遺跡の全体について貴方のお考えをお書き下さい。

2　上高森遺跡についておたずねします。

袖原３遺跡がねつ造の疑いが強いということは。当然同じ年に始まった上高森遺跡のすべての石器についても同じ疑いがかけられています。特に、日本国内だけでなく外国でも大きな話題となった石器埋納遺構が、昨年貴兄によって６ヵ所ねつ造されていたので、それ以前の５ヵ所の石器埋納遺構についても強く疑われておりますが、いかがでしょうか。他にも37層や最下層の61層でも明確なねつ造があったために、上高森遺跡の資料すべてがねつ造と疑われるのは当然かと思いますが、どのようにお考えですか。

3　ひょうたん穴遺跡についておたずねします。

1998年に東京から参加した学生が、Ａ地点で貴方が石器を埋めているのを見たという話を聞きましたが、それは事実ですか。あるいは学生の誤解ですか。また、ひょうたん穴遺跡の石器の中には、全く石灰が附着していないものもあり、ねつ造の疑いがもたれています。Ｆ区（最奥部）で発見されたイノシシの骨は、縄文時代や現代に生息している原生種に近い種類だと言う結果が出ていますが、これについてもご意見を伺わせてください。

4　福島県の大平遺跡、竹の森遺跡、原セ笠張遺跡でも非常にきれいなヘラ状石器がたくさん出ていますが、これらは縄文時代のヘラ状石器だという人が多数います。ねつ造があったかどうかを含めてご意見を聞かせてください。

5　袖原３遺跡のように、1993, 1994年までねつ造が遡ることが明白となれば、当然、直前の高森遺跡についても疑いが強まります。例えば、高森遺跡Ｏ地点では第１次調査で貴方が３点発見した場所の周辺を広く拡張して調査しましたが、石器は１点も発見されず、不自然さを感じますが、いかがでしょうか。

6　馬場壇Ａ遺跡も、他遺跡と同様、何日も石器が発見されないのに。貴方が現場に来た途端に石器が出ております。一緒に調査した某先生によると、貴方の行動について非常に不思議なことがあったので、朝早く現場まで見に行ったことがあると言っておりました。ねつ造はここまで遡るのでしょうか。

7　座散乱木遺跡の石器の中にも自然では考えられないような酸化鉄の付着があり、それは最近の鉄製の農機具などによってついたサビだからねつ造の可能性があるという指摘もありますが。そのような疑問にどのように答えられますか。

8 以上、貴方と仲間たちが20数年間一緒に踏査、発掘してきた主な遺跡のうち、学界や社会が特に注目し、再発掘の必要性が指摘されている（遺跡？）についておたずねしました。この他に、ねつ造の覚えがあったら真実を答えて下さい。

9 先日いただいた貴方のメモに1999，2000のいくつかの遺跡に関する詳細な報告を受けました。他に同年に調査された上高森遺跡第第5次・第6次調査でのねつ造が明確でないもの、ひょうたん穴遺跡第5次・第6次調査、中島山遺跡第2次調査、一斗内松葉山遺跡、総進不動坂遺跡第1次調査について、さらに詳しい事実を教えてください。

10 最後に、貴兄が自信を持ってねつ造が一切なかった遺跡があったら、遺跡の名前を教えてください。貴兄に関わってきた我々は、今は許されなくてもいつの日か、わらをもつかむ思いで、そのような遺跡の再調査・検証も実施したいのです。
（付）それぞれ質問した遺跡について、①全部ねつ造、②一部ねつ造、③全くねつ造していないこの区分を明確にしていただけるようお答え下さい。

この質問項目はすべて鎌田俊昭氏が作成したものである。質問からは長年調査を共にした鎌田氏が、真実を知りたい一心で質問を作成した様子と、つらく切ない思いが伝わってくる。

第４回面談

私は面談の前々日に、上高森遺跡調査に関わる記者会見に出席し、翌日には明治大学考古学博物館で協会特別委員会部会長会議で上高森遺跡調査の資金等に関わる打合せ、東京泊の後帰仙して午前中に宮城県考古学会会長に状況を報告するといった分刻みのスケジュールに追われていた。ようやく、午後３時になって戸沢委員長、鎌田氏と仙台駅で合流し、JR で面談の地に向かった。

第４回面談は９月 13 日に行われた。参加者は戸沢委員長、鎌田俊昭氏それに私で、主治医に付き添われた藤村が会場に現れた。面談に先立って藤村から８月にわたされたねつ造遺跡リストをワープロで打直し、５遺跡を加えた修正版ねつ造遺跡リストを手渡された。

面談冒頭に、戸沢委員長から藤村に手紙が渡された。内容は前回（7 月）の面談で藤村が誠実に答えようとしたことを評価した上で、今回の面談は質問をあらかじめ渡し、答えて貰う形にしたことにしたので、学会の社会的な疑念を払拭し、長年共に旧石器研究に取り組んできた仲間の名誉を守り、今後の研究活動の進展のためにも過去の発掘の疑惑について公正かつ厳格に明らかにして欲しい旨述べたものだ。

面談は前節で見た 10 の質問事項を一つ一つ戸沢委員長が説明する形で始まった。

一通りの説明が終了した後に、主治医が最近になって藤村は 1981 年当時のことが思い出されたようだと説明し、続いて藤村が話し始めた。

藤村の話はわかりにくかったが、大筋で、座散乱木遺跡3次調査で石器が出土しない状態だった。遺跡周辺で採集した石器を昼休みに素早く埋め込んだ。座散乱木遺跡第3次調査はすべてやったことになるとの内容だった。

国指定史跡座散乱木遺跡でねつ造が行われたとの告白は大きな衝撃だった。座散乱木遺跡第3次調査は1981年に実施された。これが事実だとすれば、ねつ造によって国指定が行われたことになってしまう。さらにはねつ造がこれまで発覚した2000年を遡り、少なくとも20年以上にわたって続けられてきたことになる。この期間におこなわれた馬場壇遺跡、高森遺跡など有名遺跡の調査成果もすべてねつ造の可能性が高いと考えざるを得ない。これまでの前・中期旧石器研究成果が瓦解してしまう。

以後、藤村は袖原遺跡でねつ造痕跡が確認された3点、瓢箪穴遺跡、座散乱木遺跡第1次、第2次調査等々については、ねつ造を否定した。最後に山屋A、浦山、青葉山E遺跡、沢口遺跡、前河原前遺跡などねつ造遺跡リストにある遺跡はいずれもねつ造を認める発言をした。ただ、この段階で藤村は相当混乱した状況で、発言に矛盾も多く、信頼性には疑問が残った。

藤村が第4回面談時に手渡したねつ造遺跡リスト（修正版）

・8月13日に主治医経由で送付された手書きのリストを藤村自信がワープロで打ち直したもの

・前のリストから4. 蟹沢Ⅱ遺跡が脱落し、5遺跡が追加さ

1999 ～ 2000. 12（1999 は 1991 と誤記）

（1999）

1	10/1	一斗内松葉山遺跡（福島県安達町）
2	11/10	袖原６遺跡（山形県尾花沢市）
3	11/23	金沢山新堤２遺跡（山形県新庄市）
4	12/1	蟹沢２（宮城県岩出山町）
5	12/ 3	薬莱山 39 遺跡（宮城県小野田町）
6	12/ 4	薬莱山 40 遺跡（宮城県小野田町）
7	12/14	桧木入遺跡（埼玉県秩父市）
8	12/20	安養寺２遺跡（宮城県岩出山町）

（2000）

9	3/5	沢崎遺跡（岩手県大迫町）
10	3/8	万願寺遺跡（埼玉県川本町）
11	3/9	寺尾１遺跡（埼玉県秩父市）
12		寺尾２遺跡（埼玉県秩父市）
13	5/6	下川田北沢遺跡（群馬県沼田市）
14	6/16	長尾根北遺跡（埼玉県秩父市）
15	6 /23	下美蔓西遺跡（北海道清水町）
16	6 /27	天狗鼻遺跡（北海道羅日町）
17	7 /27	十三佛遺跡（埼玉県秩父市）
18	7 /13	並木下遺跡（埼玉県秩父市）
19	7 /14	小鹿坂Ｎ遺跡（埼玉県秩父市）
20	7 /18	赤見峠遺跡（群馬県高山村）
21	7 /20	大谷地遺跡（宮城県色麻町）
22	8/5	音楽堂裏遺跡（埼玉県秩父市）
23	8 /28	上ミ野遺跡（山形県新庄市）
24	9/7	美葉牛遺跡（北海道北竜町）

追　加

		山屋Ａ遺跡（山形県新庄市）
		浦山遺跡（山形県尾花沢市）
	1966	中山峠遺跡（群馬県高山村）
	1996	高山舘２遺跡（宮城県岩出山町）
		青葉山Ｅ遺跡（宮城県仙台市）
		沢口遺跡（宮城県色麻町）
	2000	前河原前遺跡（宮城県大和町）

れている。

第5回面談

第5回面談は9月26日に行われた。戸沢委員長、鎌田氏、私の3名と主治医に付き添われた藤村の合計5名である。

面談は前回の面談で手渡した質問に答える形で進められた。藤村は前回の質問書を自分のワープロで打ち直し（多少内容が変わっていた）、それに書き加える形で回答を用意していた。その回答が以下のとおりである。

2001年9月26日　質問と藤村の回答

1，袖原3遺跡についておたずねします。

今年の再調査で発見された3点のは石器全て捏造したと判定されました。それは誰が捏造したのでしょうか。私は今年の調査には参加しておりません。誰がなんのために埋めたのでしょうか。

1993，1994年に発掘した多数の石器がでた第1次・第2次調査の周辺などを広範囲に発掘しましたが石器1点も発見されませんでした。この事について、接合石器や今回発見された石器3点の石器について、貴方は前回の面談で捏造の存在を認められました。最（原文ママ）発掘でこれまで分かった事実からだけでも、第1文化層から第7文化層まで全ての石器が捏造の疑いがもたれるのは当然だと思います。また、袖原3遺跡が遺跡でないしとて登録から抹消されると伺っています。改めて袖原3遺跡の全体について貴方のお考えをお書きください。

　お応え致します。
　1992年９月に尾花沢袖原３遺跡で初めて石器を２点発見されました。仲間との踏査で発見したものですが、これも私自身一人で捏造したものです。これを契機に袖原３遺跡の発掘調査をすることになったのであります。山形県でも前期・中期旧石器時代の遺跡が発見したさのあまり捏造に走ったのです。共同研究者はこのことを全くしりません。第１次調査から第６次調査まで私（中略）の一存で捏造してしまい。仲間や大勢の友人そして学生たちには、何度詫をいれても許されることではないと痛感している。この調査全体は、私（中略）の捏造にほかならない。調査全体の責任はこの私にあり誠に申しわけ無いと思っています。

2，上高森遺跡についておたずねします。

袖原３遺跡が捏造の疑いが強いということは、当然同じ年に始まった上高森遺跡の全ての石器についても同じ疑いがかけられています。特に、日本国内だけでなく外国でも大きな話題となった石器埋納遺構が、昨年貴兄によって６か所捏造されていたので、それ以前の５か所の石器埋納遺構についても強く疑われておりますが、いかがでしょうか。他にも37層や最下層の61層でも明確な捏造があったために、上高森遺跡の資料全てが捏造と疑われるのは当然かと思いますが、どのようにお考えですか。

お応え致します。

＊上高森遺跡第１次〜第６次まで調査が実施されています。第１次調査・第２次調査のＡ地点の石器群は全て私（中略）で捏造を行いました。

＊第２次調査Ｂ地点の石器埋納遺構１号、そして、第16層上面・第18層上面から発見された石器および第３次調査の石器埋納遺構２号、石器埋納遺構３号、そして第９層上面・第16層上面の石器は全て捏造は行っておりません。第４次調査・第５次調査・第６次調査については全て捏造であり（中略）、責任は全て私にあります。

3, ひょうたん穴遺跡についておたずねします。

1998年に東京から参加した学生が、Ａ地点で貴方が石器を埋めているのを見たと話しを聞きましたが、それは事実ですか。あるいは学生の誤解ですか。

また、ひょうたん穴遺跡の石器の仲（原文ママ）には全く石灰が付着してないものもあり、捏造の疑いがもたれています。Ｆ区（最奥部）で発見されたイノシシの骨は、縄文時代や現代に生息している原生種だと言う結果が出ていますが、これについてもご意見を伺わせてください。

お応え致します。

＊1998年４月24〜５月11まで第４次発掘調査が実施さ

れました。私がＡ区第 18 層上面（中期旧石器時代）で石器を埋めているのを見たそうです。それは事実です。

小形の両面加工尖頭器を埋めているところをみられたとおもいます。（中略）捏造をやりました。責任は（中略）私にあります。

＊前の地層から実際に発見されています。Ｆ区（最奥部）で発見されたイノシシの骨は縄文時代や現代に生息している原生種だと言う結果がでているそうですが、縄文時代以前の旧石器時代には同種のイノシシは生息てしはいなかったのでしょうか。

実際にＦ区最奥部の中期旧石器時代の地層から出土していますが、この時代から日本列島に、存続してきたと思っています。ですから、私は捏造などはしていません。

＊いぜん、Ｆ区で遺構が出たとき以来、私が堀り始めるとデジタルカメラがまわりだし捏造などはできません。その他に私が作業ししやしくするためにアシスタントが私のそばにはりついています。このような条件のもとで、イノシシの骨が発見されているのに捏造などができるでしょうか。

Ｆ区については今後も調査を実施して行き成果を挙げていってもらいたいとおもいます。

＊石器中には全く石灰が付着していない石器がありるのはなぜかということで、お応えいたします。石器に全く石灰が付着していないのは石灰質の土と火山灰起源の粘土が互層になっており、粘土の中に埋蔵されている石器

にはほとんど付着していないのです。

4, 福島県大平遺跡、竹ノ森遺跡、原セ笠張遺跡でも非常なきれいなヘラ状石器がたくさんでていますが、これらは縄文時代のヘラ状石器だという人が多数います。捏造があったかどうかをふくめてご意見を聞かせてください。

お応え致します。

ヘラ状石器を見ると日本の研究者は、すぐに縄文時代のヘラ状石器といいますが、欧米の文献などを見ますと日本で発見されるヘラ状石器が特に、中期旧石器時代のムステリアン文化にもたくさん見受けられます。もっと文献などに目を通しては、いかがでしょうか。

福島県西郷村大平遺跡・福島市竹ノ森遺跡については全く捏造はありません。

しかし、共同研究者にたいして誠に申し訳ありませんが捏造遺跡が1か所あります。

それは、福島県最古級である原セ笠張遺跡ですが、これは全て（中略）捏造したものです。共同研究者にはなんともいいようがない、誤ってすむものものではありません。しかし、この際、悪いウミは出し、捏造を隠さずに将来の日本の旧石器考古学研究の再出発ができなくなります。ここは我慢していただきたいのです。

捏造は、（中略）全て私の責任です。どうか、お許し下さい。

5, 高森遺跡について捏造があったか。

石器文化談話会が第１次調査について例えば、高森遺跡O地点では、第１次調査で貴方が３点の石器発見した周辺を拡張調査しましたが石器１点も発見されず、不自然さが感じますが、いかがでしょか。

お応え致します。

第１次調査では、今、高森遺跡O地点といわれていますが、これも（中略）あの３点の石器を捏造しました。責任は全て私です。ほかのA地点については捏造はありません。第2〜4次まで宮城県東北史料館がやりましたが捏造はないとおもいます。

6, 馬場壇A遺跡も、他の遺跡と同様、何日も石器が発見されないのに、貴方が現場にきた途端に石器が出ております。一緒に調査した某先生によると、私の行動について非常に不思議なことかあったので早朝に現場までみにいったことがあると言ってました。捏造はここまで溯るのでしょうか。

お応え致します。

第20層上面、第32層上面、第33層上面の石器に関しては、全て捏造したような感じがするのですが、それが思いだせません。（後略）

その他の第６層上面、第７上面、第10層上面、第19層上面の石器については第１次（石器文化談話会）・第２次調査（東北歴史料館）出土したもので捏造はしていません。

7, 座散乱木遺跡の石器の中にも自然では考えられないような酸化鉄の付着があり、それは最近の鉄製農機具などによってついたサビだから捏造の可能性があるという、指摘もありますが、そのような疑問にどのように答えられますか。

お応え致します。

（前略）土曜日は半どんであったのでそのまま会社を出かけた。その石器を昼休み中に、皆が休憩中にすばやく埋めた（捏造）をしてしまった。昼休が終わると発掘調査が開始された。第13層上面から、まちにまった待望の石器が調査員達によって発見されたわけである。調査員達は悲鳴を挙げて喜び会った。（後略）

石器は全部で49点発見されていますが、その内、本当に捏造されたのは何点であるか分かりません。たった5〜6分位いでいくつ埋ることができるでしょうか。49点の中には、捏造されなかった石器もあるのではないか（中略）5〜6分では、49点を全部埋ることなどできないとおもいます。埋たのがわかるようでは捏造したことが分かってしまうしわからないように堙るのは無理だとおもいます。私のいない日も石器は発見されていたということからも全部捏造されたものではと私はおもいます。

また、その翌日には、第15層上面から石器14点が新たに発見された。

これは捏造したものではない。また、約20数点余の石器が断面採取されているが
これも捏造ではなく、仲間たちによって発見されているからです。（後略）

8, 以上、貴方と仲間たちが20数年間一緒に踏査、発掘してきた主な遺跡のうち、学会や社会が特に注目し、再発掘が必要性が指摘されているについておたずねしました。この他に、捏造の覚えがあったら真実を答えてください。

覚えていません。

9, 先日頂いた貴方のメモに1999, 2000年のいくつかの遺跡に関する詳細な報告をうけました。同年に調査された上高森遺跡第５次・第６次調査での捏造が明確でないもの、ひょうたん穴遺跡第５次・第６次調査、中島山遺跡第２次調査、一斗内松葉山遺跡、総進不動坂遺跡第２次調査について、さらに詳しく事実を教えてください。

お応え致します。
＊上高森遺跡第５次調査は全部（中略）ねつ造してしまった。
＊上高森遺跡第６次調査は全部（中略）ねつ造してしまった。（中略）全ての責任は私にある。しかし、新たに発見された遺構群は捏造したものではないことを付け

加えたい。

＊ひょたん穴遺跡（原文ママ）第4次調査においてA区第18層上面で小形両面加工尖頭器1点を東京から参加した学生に埋ている所を目撃された石器1点を捏造してしまった。調査団には本当に申し訳ありませんでした。

＊ひょたん穴遺跡（原文ママ）第6次調査は全体的に捏造はなかったと確信しています。特にF区でイノシシの骨に鉄石英や碧玉の球5点と石器群が伴って発見された。

＊中島山遺跡第2次調査は全部私（中略）で捏造してしまった。（前略）全ての責任は私にある。

＊一斗内松葉山遺跡全部私（中略）で捏造してしまいました。（前略）全ての責任は私にあります。

＊総進不動坂遺跡第2次調査については、礫層直上から前期旧石器時代の小型の両面加工尖頭器・小型両面加工石器・スクレイパーの3点が発見されています。これは捏造ではありません。また、他の地点から中期旧石器時代のスクレイパー、縦長剥片など5点が発見されています。他に遺跡の契機になった断面採取の斜軸尖頭器、スクレイパーなど全部で5点の石器が発見されていますが、これも捏造ではありません。

10. 最後に、貴兄が自信を持って捏造が一切なかった遺跡があったら、遺跡の名前を教えてください。貴兄にかかわってきた我々は、今は許されなくともいつの日か、わらをもつかむ思い出、そのような遺跡の再調査・検証も実施したいのです。

　お応え致します。

　まだ、試掘調査でありますが、宮城県岩出山町宮城平A-1（中期旧石器時代終末から後期旧石器時代初等）の遺跡をおすすめ致します。

以上

＊文中の省略した部分に特定の人名が書かれていないことを私の名誉にかけて断言する。

　藤村が用意したプリントを読み終えた後、戸沢委員長が事実関係の確認をしようとしたが、明瞭な答えは得られなかった。

　最後に戸沢委員長から「本日は本当に大きなことによく答えていただいた。それでこの文書はものすごく重大で外に出せない。私が責任をもって管理する。分からないところは省略する形にして、誠意が通じるような形で公表したいと思っ

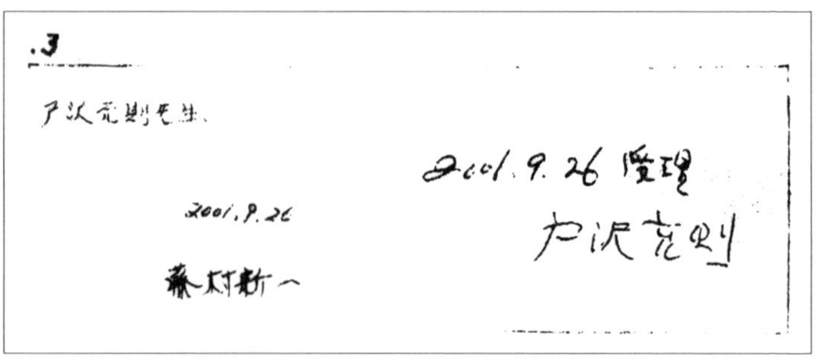

.3

戸沢充則先生

2001.9.26 受理
戸沢充則

2001.9.26
藤村新一

藤村の回答を確認した後に文書を管理する証しとして
藤村と戸沢委員長とが署名したもの

ている。これだけのことを私一人で情報管理するのは大変なことだ。合意の上で受け取ったという証にこの文書のどこでもいいからサインと日付を書いてくれないか。」との依頼に藤村は応じ、双方サインして終了した。

主治医から藤村は限界ギリギリだから、マスコミからブロックしたい。いつどこで（面談が行われたか）を秘密にしてほしいとの依頼を了承し、面談は終了した。

第5回面談の内容は重大だった。座散乱木遺跡に限らず、袖原3遺跡、上高森遺跡の全体、高森遺跡、馬場壇遺跡、ひょうたん穴遺跡、原セ笠張遺跡等、1999年を遡る主要な遺跡について藤村が全部または一部の捏造を認めたのである。最後に捏造が一切なかった遺跡として宮城平A遺跡を挙げたことには、面談に参加した鎌田氏も私も仰天した。宮城平遺跡は1975年に調査され、藤村が旧石器遺跡の探索にかかわったごく初期に調査された遺跡だからだ。それ以後はお勧めできないとなると、1975年以降のほとんどの遺跡で捏造が行われたと考えざるを得ない。いったいどれだけの遺跡で捏造が行われたのか。さながら深い闇の中をさまよう心地だった。

仙台に帰ってからもう一つ仕事が待っていた。ねつ造事件と関わりのある旧石器研究者に面談の結果をお伝えし、意見交換することだった。メンバーは地元旧石器研究者を加えて全部で8名である。中で当時の文化庁主任調査官の様子が印象的だった。あたかもその場の中心人物であるかのように振る舞い、ねつ造問題の解決に力を尽くすことを明確に述べていた。戸沢委員長も文化庁の立場にいる主任調査官の言を受け止め、何らかのアクションを起こすことを期待していたようだ。ただ、残念ながら私にはそのようなアクションが起こされたことはないと思えるのだが。

意見交換は翌朝も続き、10月予定の日本考古学協会盛岡大会で戸沢委員長が藤村と会っていることは公表するが、その内容は確認中ということで詳細を明かさない。その間面談結果を宮城県、仙台市、東北大学等に伝え、対応の準備をしてもらうという方向性が同意された。

この段階では、面談に関わっていたメンバーは、藤村の告白を全面的に信じることはできないと考えていた。例えは悪いが、事件に関わる人物の言葉はそのまま信ずることは難しく、裏をとる必要があると言われる。私達は同様に藤村の告白を関係者、組織に伝え、確認をとる必要があると考えていた。告白を得ることは必要なことだが、これから検証をする大きな作業が待っている、事実を知るための道半ばにいると自戒していた。

毎日新聞による藤村捏造告白報道

藤村が捏造告白した遺跡のリストがあることはうすうす研究者の間で知られていた。私も戸沢委員長が北海道総進不動坂遺跡の委員会で、議論が捏造を判断出来ない方向に動いた状況に、間違った方向に議論が流れることを心配してあえてリストの存在を示したと聞いている。日本考古学協会内部にもリストの存在を知る人物がいたことは想像に難くない。

ただ、リストそのものは、戸沢委員長と共に面談などを遂行したごく一部の人間（戸沢委員長を中心とする面談実行チーム）に共有されたが、厳重に管理され、他に全容を知る者は居なかったはずだ。

面談実行チームは、捏造の告白をそのまま事実と把握することは出来ない。告白を関係研究者、関係組織に伝え、それぞれの検証を経て確実となった事実関係を社会にお伝えするべきと考えていた。

しかし、突発事態が発生した。

毎日新聞が藤村の捏造告白遺跡リストの存在とその内容を報道することを伝えてきたのだ。2001年9月28日のことだ。

この日、二人の毎日新聞記者が戸沢委員長のご自宅を訪れた。アポなしだったのだろう。戸沢委員長は不在で、記者は翌日朝刊で藤村の捏造告白を報じる旨を名刺の裏に書き、名刺を置いて帰った。

帰宅した戸沢委員長は驚き、急ぎ付き合いのある記者宛にFAXで抗議文を送った。その概要は以下の通りである。

不確実な取材でスクープという形の報道がなされたら混乱、検証作業への支障、合わせて人権問題に関わる責任は毎日新聞に関わり、日本考古学協会として抗議せざるを得なくなる。協会特別委員会による、公式発表も準備調整中で、拙速な取材による不確実な報道は慎むよう伝えて欲しい。

社会的な混乱を招かないよう細心の注意を払ってきた戸沢委員長にとって、これまでの配慮をすべてぶち壊される報道予告に怒りを感じたのだろう。

報道による混乱の懸念、藤村への影響、検証活動への支障を一切無視して29日朝刊一面トップで藤村捏造告白は報道された。報道に踏み切った理由を毎日新聞はこう述べている。

> 「事実関係には自信があるし、原稿にはあやふやな点は書いていない」「こんな事実を知っているのに書かないと、新聞社としての責任が問われる」（毎日新聞取材班　2002年『旧石器発掘捏造のすべて』19頁）。

9月29日早朝、私達は固唾をのんで、朝刊を待った。いったいどこまでの情報を知っているんだろう。実際に朝刊を開いて微妙な気分になった。知っているような、知らないような紙面だった。

取材班は「後日分かることだが、（中略）藤村と面談していた」（毎日新聞取材班　2002年『旧石器発掘捏造のすべて』19頁）と述べているから、取材は第4回面談以前、「ねつ造遺跡リスト」（本書P.72）提出段階という前提で毎日新聞が自信があると豪語する事実関係の答え合わせをしてみよう。

記事本文の出だしで、捏造告白遺跡が1999年、2000年に集中していることを指摘している。これは事実ではある。ただし、このリストは1999年、2000年に捏造した遺跡のリストに例外的にその他の時期の遺跡2遺跡が加えられただけである。この時期に集中していることに特に意味はない。捏造がこの時期に集中して行われたわけではないのである。

次に中島山遺跡の捏造を認めたことが述べられているが、これは事実とは違っている。このリストに中島山遺跡の名前はない。中島山遺跡の調査は1997年、リストは1998〜1999

2001年（平成13年）　9月29日　土曜日

ねつ造 二十数遺跡も

東北旧石器研

前副理事長が告白

特別委調査に「最古の接合石器」含め

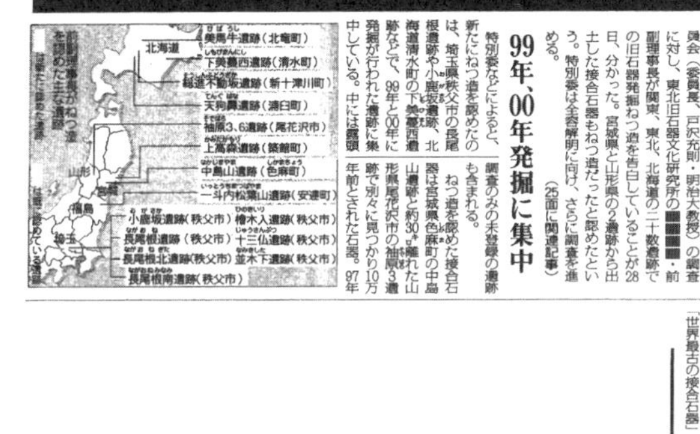

旧石器発掘ねつ造問題を調査している日本考古学協会の前・中期旧石器問題調査研究特別委員会（委員長、戸沢充則・明治大教授）の調査に対し、東北旧石器文化研究所の■■■■・前副理事長が関東、東北、北海道の二十数遺跡での旧石器発掘ねつ造を告白していることが28日、分かった。宮城県と山形県の2遺跡から出土した接合石器もねつ造だったと認めたという。特別委は全容解明に向け、さらに調査を進める。

（25面に関連記事）

99年、00年発掘に集中

特別委などによると、新たにねつ造を認めたのは、埼玉県秩父市の長尾根遺跡や小鹿坂遺跡、北海道清水町の下美蔓西遺跡などで、99年と00年に発掘が行われた遺跡に集中している。中には露頭調査のみの未登録の遺跡も含まれる。

ねつ造を認めた接合石器は宮城県色麻町の中島山遺跡と約30キロ離れた山形県尾花沢市の袖原3遺跡で別々に見つかり10万年前とされた石器。97年12月に断面が接合することを前副理事長が発見し「世界最古の接合石器」と発表された。特別委は、新たにねつ造を認めた遺跡に関係した研究者に石器出土の経緯や状況など詳細な報告を求め、前副理事長の証言を確認する作業を進めている。

前副理事長は昨年11月のねつ造発覚後、東北地方の病院に入院。戸沢委員長らは今年6月から医師や弁護士の立ち会いの下で、数回面談。前副理事長は口頭やメモでねつ造を認めたという。

昨年11月の毎日新聞の取材に対し、前副理事長は宮城県築館町の上高森と北海道新十津川町の総進不動坂の2遺跡でのねつ造を認めたが「ほかはやってない」と否定していた。

【旧石器遺跡取材班】

戸沢委員長の話　それぞれの遺跡の関係者から話を聴くなど、裏付けを取っていく必要があり、確実だと判断した時点で公表したい。今、内容を話すわけにいかないが（前副理事長の告白は）重いと考えている。

東北旧石器文化研究所の鎌田俊昭理事長の話　今春、前副理事長と戸沢委員長の顔合わせをコーディネートした。告白内容は知らないが、昨年「ほかにはないのか」と何度も確認したのに、ふざけるなという気持ちだ。

（上の地図を拡大）

2001年9月29日付けの毎日新聞（朝刊一面トップ、毎日新聞社提供）

年中心だから当然だ。

記事に掲げられた地図に記載された遺跡名はこれまでに捏造を認めた遺跡と新たに告白された捏造遺跡名が掲載されている。すでに捏造を認めた総進不動坂遺跡、上高森遺跡を除くと、13遺跡が掲げられている。このうちリストとの遺跡名と合致しているのは美葉牛遺跡、下美蔓西遺跡、天狗鼻遺跡、一斗内松葉山遺跡、桧木入遺跡、十三佛遺跡、長尾根北遺跡、並木下遺跡である。袖原6遺跡　小鹿坂N遺跡は名称のわずかな違いがある。長尾根遺跡、長尾根南遺跡、記事で強調された中島山遺跡はリストに見えない。

取材班が掲げた捏造を告白した遺跡名には明らかな間違いが2割程度含まれている。取材班は捏造告白リストの実物を確認していないのだろう。そうでなければ、捏造告白リスト掲載の合計26遺跡すべてを掲載しただろうし、このような間違いが起きるはずがないと私は考える。

なお、記事には戸沢委員長のコメントが掲載されているが、記事掲載に抗議文を送っている戸沢委員長がコメントを寄せるはずがない。取材班が認めるように「戸沢委員長のコメントが、これまでの取材を基に掲載された」(毎日新聞取材班2002年『旧石器発掘捏造のすべて』31頁)。同じく鎌田俊昭氏のコメントも載せられているが、これも同様の手法で掲載されたのだろうか。

このやり方は私は承服できない。本人はコメントしていないのに、これまでの取材を寄せ集めて勝手にコメントを作って掲載することは許されるのだろうか？　読者は当然この記事に関わる戸沢委員長のコメントと読むだろう。それは報道として誠実なのか？

私は、毎日新聞の2000年11月5日「旧石器発掘ねつ造」のスクープは大変ありがたく、感謝をしてるし、大いに評価をしている。これがなければ、日本の旧石器研究ではねつ造が重ねられ、さらなる過ちを犯し続けるところだった。社会的な意味も大きく、世紀のスクープと言えるだろう。しかし、私は、今回の第2のスクープと称する記事は事実関係の誤りもあり、コメントのあり方も含めて大きな疑問を感じる。社会的な影響も大きかった。読者諸賢はどうお考えだろう。

＊毎日新聞が報道する側の立場からこの時の状況を述べた本（毎日新聞旧石器遺跡取材班　2002年　『旧石器発掘捏造のすべて』毎日新聞社）がある。合わせて読みくらべていただくと、検証の立場と報道の立場から見た事態の推移が理解されやすいと思う。

毎日報道の後始末

この日の毎日報道の影響は大きかった。戸沢委員長が書くように（戸沢　2003年『考古学のこころ』218頁　新泉社）、協会事務局の電話が鳴り続け、事実関係の確認、何故教えてくれなかったのかというお叱り、抗議の電話が殺到した。私のところにも報道各社からの問合せ、関係機関からのお叱り、藤村の居場所を問う厳しい口調の電話が殺到した。

協会特別委員会、とりわけ面談チームにとって大きな問題だったことは以下の2点である。

第1は藤村の病状への影響である。

報道によって藤村の病状が悪化し、治療に大きな問題が生じないか、これ以後の面談は可能なのか。そして世の中に知られることで、報道、関係機関が藤村のもとに来てしまうのではないかという心配である。

戸沢委員長はすぐに主治医と連絡をとり、藤村の状況を確認した。主治医は今のところ大きな問題は生じていないとの見解だった。報道、関係機関は藤村の所在を把握していないようで、直接的なコンタクトはなかったようである。

ただ、私には、関係機関所属のお世話になってきた先輩筋から、強硬に面談をしたい、所在を教えるようにという電話が着信した。前にも書いたように、面談は藤村の病状を悪化させないため、窓口を協会だけに絞るとの主治医との約束があり、お世話になった先輩といえども教えるわけにはいかなかった。

取りあえずは、藤村の病状悪化は避けられた。しかし、これ以後藤村との面談は実現していない。面談チームとしては、おおよその事実関係を把握できたが、肝心なことを聞けていなかった。それは「何故長年にわたりねつ造を行い、あるいは行い続けたのか」ということだ。その理由を聞く機会は現実問題として終に失われてしまった。

私は、これも毎日報道の大きな影響の一つだったと思っている。

もう一つは、面談の結果藤村がねつ造を認めた遺跡の取り扱いである。

藤村のねつ造の告白は、あくまでも一つの認識であって、それが事実であるかどうかは検証する必要がある。そのためにはねつ造の告白を伝え、関係機関が検証を行って事実と認定できた段階で公表すべきと考えていた。これが特別委員会、面談チームの認識であり、それに向かって検討を進めていた。そこに毎日報道があって、慎重な軟着陸を目指していた協会の方向性は吹き飛んでしまった。戸沢委員長が怒り、抗議を表明した理由である。

日本考古学協会は急遽、関係機関にその地域でねつ造が告白された遺跡に関わる情報を通知した。私は直接は知らないが、関係機関の驚きと困惑はかなりのものだったろう。

宮城県教委への説明

戸沢委員長は何度か宮城県教育委員会文化財保護課長と接触しようとしていた。私は仲介役を務め、会う約束を取り付けたこともあったが、課長の体調を理由にキャンセルされた。協会としては検証活動を進めるためには宮城県教育委員会の協力が不可欠であり、そのために協議をしたいと考えていたのである。

毎日新聞報道を受け、急遽協会特別委員会として公式に宮城県教育委員会を訪ねることなった。藤村の告白の中身を正確に伝え、告白内容の信憑性を検討してもらうためだった。

公式訪問の前日、10月4日、佐川正敏氏とともに宮城県庁文化財保護課で文化財保護課長と下打ち合わせをした。この段階で藤村がねつ造を告白した遺跡のうち宮城県内分を抜粋した資料を課長に手渡ししている。第5回面談で藤村から渡された告白文の一部である。ただ、藤村のプライバシーに関わる部分は黒塗りで隠してある。本書掲載の告白文では「中・後略」と表示した部分である。

私は最初黒塗りのある告白文を見たときに、あまりに生々しいので、本書掲載のように該当部分を省略した形にしてはどうかと提案したが、戸沢委員長は、いやこの形の方が説得力があると判断され、黒塗りのままの資料を手渡すこととなった。後日、この黒塗りの下に共犯者の名前が隠されているのではないかという憶測が広まってしまったことはよく知られている。

さて、事前打合せで文化財課長は協会に10月7日に予定している協会盛岡大会前に記者会見をすることを強く要請した。協会としては大会での正式報告前にその内容を記者会見することは難しく、話し合いの中で協議する旨を答えた。他に黒塗りのない告白文が欲しい、協会の訪問を公表する希望を伝えてきた。訪問の公表については了承。告白文の全体は渡せないと伝えた。

10月5日、午前11時に宮城県庁ロビーで戸沢委員長、矢島國雄氏と待ち合わせ、私を含め3人で文化財保護課を訪れた。宮城県側は教育次長、文化財保護課長、技術補佐に1名を加え、合計4名が対応した。訪問は公表されていたため、大勢の報道陣が詰めかけていて、いわゆる頭撮りが行われた。

宮城県側は報道陣を前にしての挨拶で事前協議を無視して記者会見を強く求め、了解を求める約束だった録音も無断で開始した。

報道陣退席後の協議でも、宮城県側は藤村の告白内容を記者会見で説明するよう強要した。戸沢委員長はそれは「できない、その代わり渡した資料は公表してもかまわないと返答、これをめぐっておよそ40分間の押し問答が続いた。結局、県と協会とで共同で記者会見を行うということで実質的な協議に入った。

協議は、文化財保護課長が日本考古学協会から渡した資料に沿って質問し、協会側が答える形で進行した。質問が終了した途端宮城県側が一斉に腰を浮かせた。協会はそれを引き留め、今後協会の持っている情報を提供するから、県としても是非協力してねつ造問題の解決にあたってほしいと申し入れた。県側はこの件に一応の賛意を示したが、具体的な話にはならなかった。上高森遺跡検証発掘に関わって協力依頼をしたが、出来ることと出来ないことがあるので、個別に対応したいとの返事だった。この時点で県側は心ここにない状態のように見え、誠意は一切感じられなかった。

以上で協議は終了、県側は一言の挨拶、断りもなく潮が引くように見事な退場ぶりを見せた。チームプレイであらかじめ打ち合わせてあったのだろう。協会側3人は取り残され、無理矢理協会単独の記者会見をさせられることになった。協議冒頭での共同での記者会見の約束は見事に反故にされた。公的な約束を守らない宮城県側の対応は呆れるばかり。それでも教育を束ねる教育委員会の職員なのかと言いたかった。

なぜ、宮城県側がこのような行動をとったのか理解に苦しむ。ねつ造事件は協会に責任があり、そのことを謝りにやってきたという形にしたかったのだろうか。しかし、高森遺跡の調査は宮城県教育委員会の仕事であり、東北歴史博物館でも関連の展示を行っている。県にも責任があることは明確だ。だが、残念ながらこの後も宮城県教育委員会は検証発掘など責任ある行動をとらなかった、

訪問終了後、この日渡した黒塗りのある藤村ねつ造告白資料は、その日の内に技術補佐から報道に公表され、大きな問題となった。どういう意図のもとにこの資料を即日公表したのか私にはまったく理解できなかった。案の定、この黒塗りの部分に何が隠されているのか、憶測が憶測を呼ぶことになってしまった。

宮城県教育委員会の対応は、日本考古学協会の検証活動への偏見と悪意に満ちたものだった。

なお、記者会見が終わり、県庁から引き上げて戸沢、矢島、辻の３人で宮城県の約束を守らない不誠実に対応に失望したと言い合いながら遅い昼食を摂った。その時私の携帯に着信があり、上高森遺跡で埋納遺構調査中に埋納遺構の石器を持ち上げたらその石器の下に青い松葉が付いている画像があるという連絡が入った。にわかには信じられなかったが、入手し確認したところ、紛れもない事実だった。調査の段階で問題にならなかったのだろうか。こんな明らかな問題でさえも確認出来なかった調査のあり方を思い、なんと言ったらいいのか、暗澹たる思いだった。

福島県教委への説明

日本考古学協会岩手大会戸沢報告終了後に、福島県教育委員会に藤村との面談内容を報告、今後の検証活動の県としての関わり方を相談し、協会検証活動への協力を依頼するため10月17日に福島県庁を訪れた。矢島國雄氏と私の2名である。

福島県の文化財は教育委員会文化課が所管する。私もかつて福島県立博物館建設準備担当として所属していた部署である。かつての職場をまったく違う立場で訪れることにはやや複雑な思いがあった。

福島県教委との面談では、藤村とのの面談が不正確な形で新聞報道されてしまったことに陳謝すると共に、今後、県としても藤村告白を検証するための調査を行っていただくと共に、協会の検証活動に協力いただくよう依頼した、県側からは福島県内の疑問のある遺跡の検証を行って欲しいとの要望があった。協会は行政ベースの検証活動をしているわけではないので、全面的には要望に応えられないが、協会検証活動の範囲で協力することを伝えた。協会としては今後の検証活動への協力を依頼、県教委は協力する旨を表明し、和やかに説明を終えた。最後に両者共同で記者会見を行い終了した。

黒塗りの下には何が書かれているのか

宮城県教育委員会に藤村の告白に関わる資料を渡してから数日後、地元新聞記者から墨塗のある資料が、そのままの形で何の配慮もされずに報道に渡されたことを知った。戸沢委員長は渡してしまった資料だから取り扱いは宮城県教委の判断になると言われたが、私は多少の配慮は必要だったのではないかと思った。

案の定、事件はおきた。私が出張から帰宅しくつろいでいる午後10時過ぎに地元新聞記者から電話があり、私の住む郊外団地に来ている、至急会いたいとのことだった。何事かと思い、自宅に招くと「宮城県教委が配布した資料の墨塗の下に鎌田、梶原両名の名前が入っているとの情報があった。確認したい。コアに近い部分からの情報が上司に入って、病院の名前も知っている。言葉だけでは信用できない」とのことだった。私はやむを得ず、たまたま持っていたその資料の墨が入っていない原文の一部を見せ、個人名が入っていないことを確認して貰った。

記者によると、じつは記事はすでに書いてあり、確認できればすぐに輪転機を回せるよう待機していたとのこと。危なくまったくの誤報が地元新聞朝刊トップ記事として掲載されるところだった。私は地元新聞の一大誤報を未然に防いだことになる。感謝して貰ってもいいのではないかと思ったが、残念ながらその気配もなかった。

この一件はなんとか納められたが、私の知らないところでは、墨塗の下に個人名があると考えた人は多かったと聞いている。そして今でもそのような発言が散見される。その資料を直接確認した本人として、重ねて墨塗の下には藤村のプライバシーに関わる言葉があるだけで個人名は書かれていないことを確認しておきたい。

日本考古学協会岩手大会戸沢委員長中間報告

10月7日、日本考古学協会岩手大会で、戸沢委員長からねつ造検証活動の中間報告が行われた。（中間報告全文は、日本考古学協会　2003年　「序章」『前・中期旧石器問題の検証』13頁〜16頁に掲載されている。）もともとこの中間報告では藤村の告白を公表しない予定だった。告白内容は、各地の教育委員会などの関係機関にあらかじめお伝えし、検討して対応も準備した上で公表すべきと考えていたからだ。だが、残念ながら、突然の毎日新聞第2のスクープと称する報道のため、混乱した状況のままに公表することになってしまった。

さて、戸沢報告では、検証活動の全般的な取り組み、一斗内松葉山、袖原3、総進不動坂各遺跡の検証発掘の成果と課題、第1作業部会（石器検証）、第2作業部会（遺跡検証）第3作業部会（自然科学との連携）、第4作業部会（型式学的検討）第5作業部会（研究史・方法論）の活動状況とその成果がまず報告された。

戸沢委員長はここで、水を一口含み、後ろを向いて一息入れてから振り返って藤村との面談の報告を始めた。経緯、面談の進展具合、ねつ造告白遺跡リストの存在、10項目の質問リストとその答え、衝撃的な座散乱木遺跡ねつ造の告白などを語った。

ついで、直前の毎日報道にふれ、多大な混乱を招いた事に関わり、この報道に対して遺憾の意を表明するとともに、関係機関にねつ造等で名前の出た遺跡名を通知する措置を執ったことを報告。合わせて特別委員会の情報管理の甘さを認め

北海道	4 遺跡 総進不動坂、下美蔓西、天狗鼻、美葉牛
岩手県	2 遺跡 ひょうたん穴、沢崎
宮城県	14 遺跡 座散乱木、馬場壇Ａ、高森、上高森、中島山、高山館 2、青葉山Ｅ、沢口、薬莱山 No39、薬莱山 No40、安養寺 2、大谷地（Ⅱ）、前河原前（長原上）、蟹沢Ⅱ
山形県	6 遺跡 袖原 3、袖原 6、上ミ野Ａ、山屋Ａ、浦山、金沢山新堤 2
福島県	2 遺跡 原セ笠張、一斗内松葉山
群馬県	3 遺跡 下川田入沢、赤見峠（赤根峠）、中山峠
栃木県	11 遺跡 小鹿坂、長尾根、長尾根北、桧木入、十三仏、並木下、音楽堂裏、中葉山？、万願寺、寺尾Ⅰ、寺尾Ⅱ

藤村がねつ造を告白した 42 遺跡

た上で謝罪した。

ついで、これまで何らかの形で藤村がねつ造を告白した42遺跡の遺跡名を公表した。以上の通りである。この中にはねつ造発覚時にねつ造を認めた遺跡、面談の過程でねつ造を認めた遺跡、藤村作成ねつ造告白リスト掲載遺跡が含まれている。中には確認出来ない遺跡もある。

戸沢委員長は、藤村告白の報告後、告白は犯罪捜査に例えればあくまで自白にとどまるもので、そのまま事実と捉えることはできない。事実を把握するためには検証が必要で、活動はこれからが本番であることを強調すると共に、報道機関に冷静な取材、報道を通じて協力していただく事を要望して委員長報告を終えた。報道陣にたいする要望は先の毎日報道（毎日新聞言うところの第2のスクープ）を念頭においた発言であると私は理解した。

戸沢報告の趣旨は、藤村がねつ造を告白した遺跡はあくまでも告白に過ぎず、検証されたわけではない。各自治体はこれをもとに検証して欲しいということだった。ただ、残念ながら戸沢委員長の意図は十分に理解されなかった。藤村の告白はそのまま事実として受け止められたようで、その後残念ながら告白遺跡の検証は一部を除いては進まず、遺跡登録の抹消など行政手続きに進んでいった。

3　座散乱木遺跡検証発掘

次の課題は座散乱木遺跡の検証発掘の実施だった。第4回面談で藤村からのねつ造の告白があり、出土石器の検討でも大きな疑問が投げかけられていたことを踏まえ、事実関係を確かめる必要があった。何しろ、座散乱木遺跡第3次調査で明らかに前期旧石器時代に遡る古い土層から、人工物であることが明瞭な石器群が出土したと報じられているからだ（石器文化談話会　1983年　『座散乱木遺跡―考古学と自然科学の連携―』）。

これを受けて石器文化談話会の報告では、高らかに前期旧石器存否論争の結着が宣言され、国は1997年に座散乱木遺跡を史跡に指定した。また、教科書にも馬場壇A遺跡とともに日本の前期旧石器時代を代表する遺跡として掲載されていた。

日本考古学協会としては、これまで大きな評価を得てきたこの遺跡と出土資料を藤村の告白だけではねつ造と断定することはできず、何としても発掘調査を実施して事実関係を確かめる必要があると考えた。

検証発掘実現まで

座散乱木遺跡検証発掘をやると決めたものの、実現まではたくさんのハードルがあった。まずは調査組織の構成を決め、調査費用の捻出をする必要がある。

調査主体は日本考古学協会が担い、宮城県考古学会、東日本の旧石器文化を語る会の支援を受ける形とした。もちろん、国史跡に指定した文化庁、地元宮城県教育委員会との連携は不可欠だ。文化庁、宮城県教育委員会との折衝は 2001 年 12 月から本格的に進められた。

当時の文化庁主任調査官は、藤村との第５回面談が終わった後、関係者で集まった際に検証活動に積極的に関わる意思を見せ、座散乱木遺跡の検証調査についても調整をする口ぶりだった。しかし、実際に戸沢委員長からの宮城県教委との調整などを依頼すると冷淡な対応を見せ、実質的な協力は得られなかった。後に私から直接確認したところによると、「文化庁は日本考古学協会が掘ると言ったから応援する立場だ。宮城県文化財保護課との関係は調整する意思はあるが、協会がどのように調整して欲しいのか示さないと動けない」ということだった。つまりは、文化庁は、学会が検証調査をするというなら認めてやるというスタンスだった。私には座散乱木遺跡史跡指定を担ったはずの文化庁はきわめて無責任で、責任逃れの姿勢だとしか思えなかった。

一方、宮城県では、県知事が座散乱木遺跡、馬場壇Ａ遺跡を再調査する意思があると表明したことがあったが、担当部署は動かなかった。

座散乱木遺跡検証調査では宮城教育委員会文化財保護課の協力は不可欠だった。私は年末に当時の文化財保護課長と地下鉄駅の喫茶店で私的に会い、宮城県教育委員会の意向を教えていただいた。課長は私的な立場からではあるが、「5月に予定されている協会総会での検証報告を見た上で必要なら馬場壇、高森遺跡の再調査をする意思はある。座散乱木遺跡は国指定なので本来行政がやるべきと認識している。県としては行政の立場から文化庁の要請を受ける形でないと対応できない。協会から直接依頼を受ける形で協力は難しい。」ことを伝えてくれた。

日本考古学協会特別委員会は、文化庁、宮城県教育委員会と戸沢委員長を中心に折衝を続け、両者ともに検証発掘実現にむけて協力する方向で動き始めた。

年が明けて、2月1日に矢島委員が文化庁に出向き、話し合いがもたれた。席上文化庁と宮城県教育委員会文化財保護課との調整の結果、文化財保護課から調査員を派遣することが了承されたと伝えられた。宮城県教育委員会が検証発掘に協力する姿勢を示したことに私は少しほっとしたことを覚えている。

文化庁は続いて検証発掘で15カ所にトレンチを設定すること、指導委員に国文化財保護審議委員を数人入れること、団長候補者などを提案してきた。国史跡に関わる調査であることから、文化庁の行政的な都合が関係する提案だったとは思うが、予算を出さない文化庁が団長や調査組織、調査期間、調査内容に口を出してくることには違和感を感じざるを得なかった。金は出さないが口は出すということか？　後日協会特別委員会で文化庁提案の詳細を文書で確認したところ、調査の目的からトレンチ設定、調査団の構成、指導委員会の人選など多岐にわたり、調査内容を実質的に規定するものだった。あたかも文化庁に決定権があるような書きぶりで、調査主体者である協会になんの相談もなしに決めようとする強権的な態度に、私も含め特別委員会委員の憤慨しきりだった。この内容を書ける人物は座散乱木遺跡をよく知る主任調査官以外に文化庁にいないと思われた。

文化庁、宮城県教育委員会とは折衝の過程で紆余曲折はあったが、最終的には２月21日に文化庁にて、文化庁記念物課長、課長補佐、主任調査官、宮城県文化財保護課長、技術補佐、日本考古学協会特別委員会矢島、辻が打合せを行い、３者協力して座散乱木遺跡検証調査を実施する方向でまとまった。調査団の構成は協会から提案し、具体的な事項は宮城県文化財保護課が支援する。調査期間は岩出山町長選挙の時期を避け、選挙終了後に協会から石器検証結果を町民にお伝えする。理解を求めた上で戸沢委員長が協力依頼のために地元岩出山町を訪れ、その後調査団結成を公表することなどが大筋で合意された。

宮城県考古学会には年の初めに戸沢委員長が仙台を訪れ、検証発掘への協力を依頼し、会長以下三役は協力するとの返事をした。しかし、2月代表幹事会では、表向きは協力を約束したが、協会が出てくることには抵抗がある、調査計画段階での調査の相談がないのでは協力できないなどの意見が噴出した。東北大学出身者を中心に恩師芹沢氏と対立関係にある戸沢委員長が率いる協会の検証活動には憎悪にも似た強い反感が宮城県考古学会にはあり、それが噴出した形だ。ただ、宮城県考古学会が主体となった上高森遺跡検証発掘実施の際には何の相談もせずに協会から支援を受けていることを考えれば、宮城県考古学会内部の反論は私は理不尽に感じざるを得なかった。結局は文化庁記念物課長が宮城県考古学会長と直接会い、協力を求めるなどの経緯を経て、宮城県考古学会も検証発掘に協力する方向でまとまっていった。

以降、町民説明会を経て、4月19日調査員会議、4月20日調査団発足、4月23日に調査開始の記者発表という経過で検証発掘開始への段取りが進んでいった。

調査団は、団長小林達雄、副団長佐川正敏、矢島國雄、事務局長辻秀人、調査員は宮城県教育委員会、仙台市教育委員会から派遣された職員を中心に、各地から休日を利用して多くの参加者があった。東京大学、東北大学、東北学院大学の学生も参加し、大いに力を発揮した。調査委員会には委員長に戸沢充則、副委員長に須藤隆、河原純之の各氏が名を連ねた（資料X）。

町民説明会

座散乱木遺跡検証発掘の実施には地元岩出山町（現大崎市岩出山）と町民の皆さんの理解が必要だ。調査の実施の前にねつ造事件の検証活動の現状と検証発掘の必要性をお伝えするために町民説明会を開催した。2002年4月18日、場所は岩出山町文化会館である。

午後1時30分開会。文化庁記念物課長、町長のあいさつで始まった。

日本考古学協会からの参加者は、戸沢委員長、矢島國雄氏、辻の3名だった。町長挨拶に続いて登壇した戸沢委員長は、藤村との面談内容を含む協会特別委員会の検証状況を説明した。続いて矢島氏からは協会特別委員会第1作業部会の活動内容を報告し、質疑応答に移った。

質問は多岐にわたったが、中で本当に座散乱木遺跡出土石器はねつ造なのか、信じられないという疑問が最も多かった。具体的には、座散乱木遺跡出土石器には鉄銹が附着しているものもたしかにあるが、附着していないものもある。附着していない石器は大丈夫なのではないかとの希望だった。矢島氏の説明で、座散乱木遺跡出土石器に赤褐色の銹が附着しており、ねつ造と考えられるという説明への反応である。岩出山町民の本物があってほしいとの切なる願いの表明でもあった。私は心苦しかったが、上高森遺跡の例を説明し、ねつ造された石器群の中にも鉄銹が附着していない資料は一定程度含まれていること、明らかに疑いのある石器が混在していれば、その石器群は学問的な資料としては扱えないことを説明し、その場は収まった。

他になぜこの場にかつて調査を主導した文化庁主任調査官は来ていないのか。文化庁の対応が悪いなどの怒りの表明もあった。記念物課長の応答は誠意に欠けるように見受けられ、町民の怒りを買ったようだ。

また、ねつ造をなぜ20年にもわたって見抜けなかったのかという厳しい指摘もあり、戸沢委員長が考古学界を代表して陳謝する場面もあった。町民の皆さんから見れば戸沢委員長はねつ造を見抜けなかった考古学界の代表であり、陳謝は当然と受け取られたと思う。ただ、事情を知る私としては陳謝をすべきはねつ造を見逃し、ねつ造の結果を学問的な成果としてきた研究者であるとの思いは拭えなかった。藤村のねつ造に関わらなかった戸沢、矢島、辻の3人が壇上に並び厳しい叱責と疑念を受ける状況には、やむを得ないとはいえ理不尽さを感じざるを得なかった。

本来ここに居るべき人は………………？

座散乱木遺跡検証発掘

座散乱木遺跡は古く地元研究者により発見されていた。1975年に研究者と市民とで石器文化談話会が結成され、宮城県北部で組織的に分布調査が実施される中で、道路に面する切り通しの断面から土器、石器が採集された。石器文化談話会は3回にわたって学術調査を実施、年代測定など各種分析成果も合わせて後期旧石器時代を遡り、前、中期旧石器時代の遺跡と認定した。石器文化談話会の調査成果は万全に見えた。

検証発掘の目的は

①石器文化談話会による座散乱木遺跡発掘のきっかけとなった道路脇の崖面採集資料出土層位は確認できるか。

②石器文化談話会による第3次調査で前期旧石器と認定された資料群は追認できるか。

上記2点である。

座散乱木遺跡は石器文化談話会員によって踏査され、遺跡内を掘削して通された道路の崖面から数回にわたって、いくつかの層から石器が採集された。出土層位から、前期旧石器時代に遡る石器があると考えられた。これが、石器文化談話会が座散乱木遺跡を調査対象とした理由だった。

第4図を見て欲しい。道路に沿って黒い網をかけて示した部分が石器文化談話会による調査で断面から石器が採集された範囲である。踏査に参加した会員の多くも断面から石器を採集したようだが、藤村は参加すれば必ず石器を採集したという。

通常、このような範囲で石器が採集されれば、石器は道路周囲の広い範囲に広がって分布していると考える。道路が通っている範囲に限って石器が分布することは、あり得ないからだ。何万年も前の石器分布と現代の道路の道筋が一致することはどのような偶然が重なっても考えられない。通常、このような断面から採集された石器は台地上に広がる石器群の一部が道路によって掘削された崖面に露出したと考える。

石器文化談話会も当然そのように考え、石器が採集された

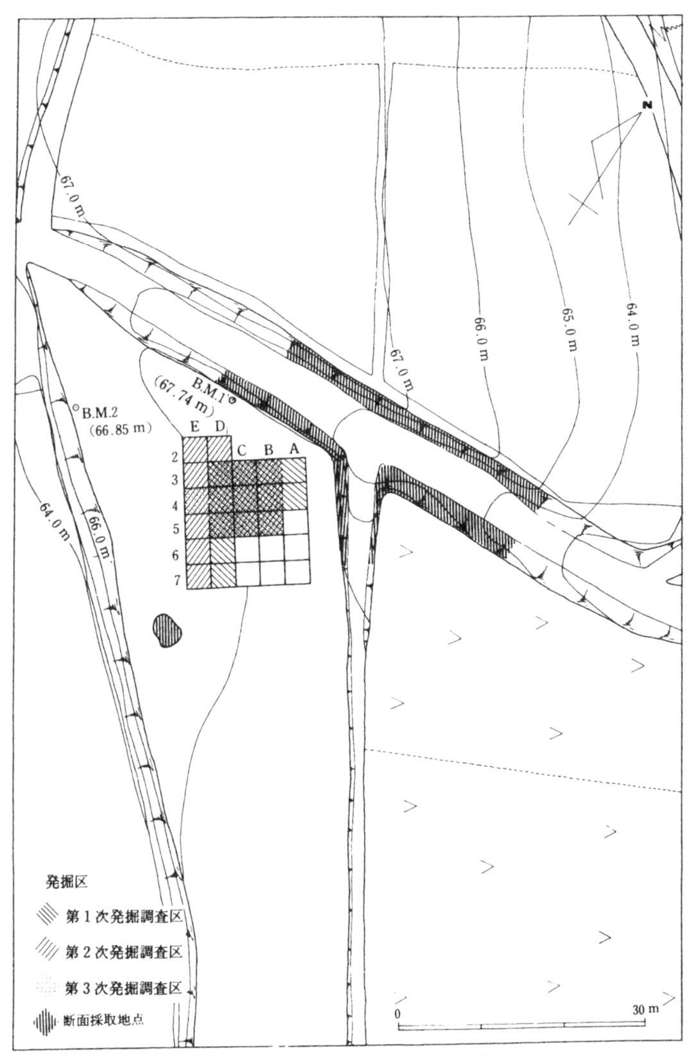

第4図　石器文化談話会調査位置
(石器文化談話会　1983 図3を転載)

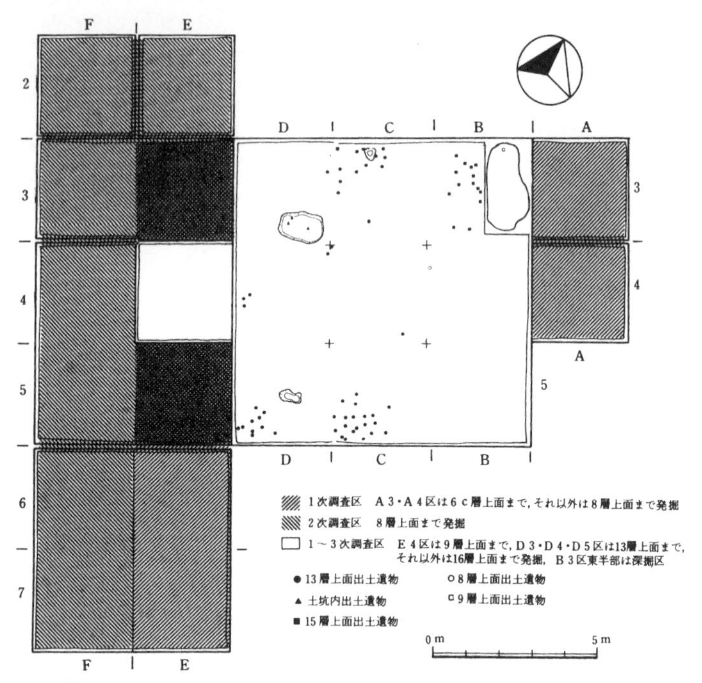

第5図　座散乱木遺跡第3次調査の遺構と石器の検出位置
（石器文化談話会　1983年『座散乱木遺跡―考古学と自然科学の提携―』図4を転載）

崖面の近くに調査区を設けた（第4図）。石器文化談話会の調査は3年に及んだ。発掘調査の常道として調査は上層から順番に掘り下げられ、上層からは縄文時代の遺構、遺物、後期旧石器時代遺物が出土し、それらを丁寧に記録する作業で時間が必要だったからだ。3年目にして前期旧石器時代の層から石器群が出土した。これらは、前期旧石器時代の間違いの無い人工品と認定され、前期旧石器時代存否論争に終止符が打たれたと高らかに宣言された。断面採集成果が示すように遺跡内には前期旧石器も含む石器群が分布することが明らかにされた。

しかし、検証発掘の結果は違った。

検証発掘（写真3）では、石器群が採集された道路の切り通しを全面的に掘りさげた（写真4）が石器は1点も出土しなかった。その結果、石器が道路に面した見える部分だけから出土したことになった。これでは、石器分布が面としては広がらず、まるで遙か後の時代の道路のルートを知っていたかのように道路脇からだけ出土したことになってしまう。

明らかに異常だった。それでは、調査区の方はどうか。

第6図は石器文化談話会による調査での第13層上面の石器出土状況である（石器文化談話会　1983年　『座散乱木遺跡―考古学と自然科学の連携―』）。石器は調査区内の3カ所に集中して分布する。その3カ所はいずれも調査区の北あるいは南端にあり、一部が調査区の壁にあたっていた。このような場合通常調査者は石器群の分布は本来調査区の外にまで広がっており、たまたま調査区の端で止まっているように見えているだけと考える。上高森遺跡検証発掘の場合でも述べたように、調査区を広げたら石器群の分布はもっと伸びているに違いない。何万年の後の現代にたまたま設けられた調査区の端と石器群分布の端が一致しているとは考えられないからだ。それも3カ所もである。

このような考えのもと、検証発掘の調査区は設けられた（第7図）。石器文化談話会による調査で旧石器時代中期にさかのぼるとされた石器群が出土した調査区の外側全体を取り

写真3　日本考古学協会検証調査状況
（日本考古学協会 2003『前・中期旧石器問題の検証』より）

写真4　石器が採集された断面の掘りさげ
（日本考古学協会 2003『前・中期旧石器問題の検証』より）

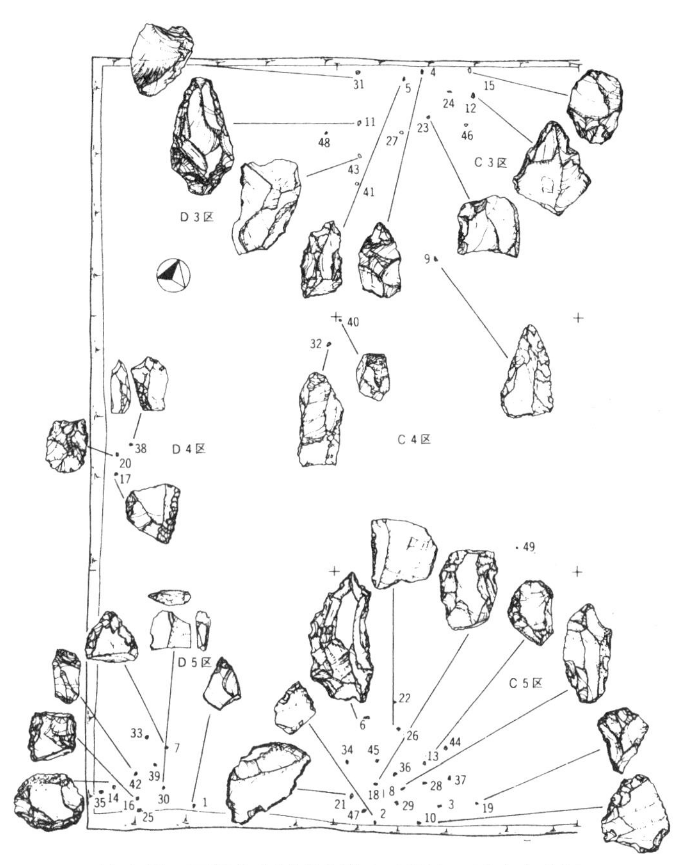

第６図　石器文化談話会第３次調査石器出土状況
（石器文化談話会 1983 図 9 を転載）

囲むように全体を掘り下げたのである。当然、検証発掘で設けられた調査区に石器の分布は広がるはずだった。

しかし、石器は一切出土しなかった。広がるはずの石器分布は石器文化談話会の設けた調査区と完全に一致していたの

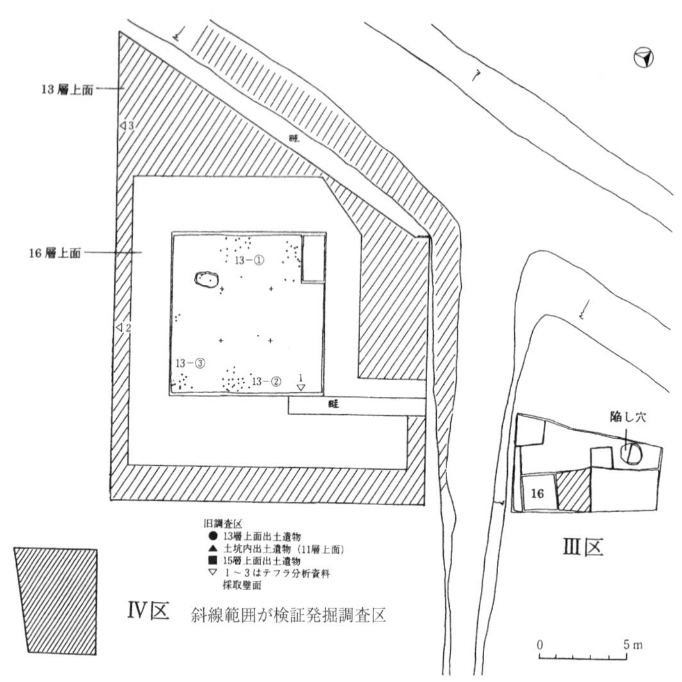

第７図　日本考古学協会検証調査区
（日本考古学協会 2003 図 154 を転載）

だ。これは偶然の結果ではあり得ない。明らかに不自然であり、ねつ造の結果と考える以外にこの状況を説明出来ない。検証調査団の結論だった。

ついでながら、石器文化談話会による第１次調査で出土し、日本最古、世界で２番目に古いと位置づけられた動物形土製品（石器文化談話会編　1978 年　『座散乱木遺跡発掘調査報告書Ⅰ』）は検証の過程で、熱ルミネッセンス法による分析が実施され、江戸時代初期に位置づけられ、その意味を失った

（佐川正敏、矢島國雄　2003年 「5宮城県岩出山町座散乱木」『前・中期旧石器問題の検証』日本考古学協会）。結局、座散乱木遺跡では藤村が参加した踏査、発掘調査以外では一切石器が発見されなかった。前期旧石器時代に位置づけられた第13層、15層出土とされた石器はすべて座散乱木遺跡の外から持ち込まれたと結論された。藤村が関与した上層出土石器にも大きな疑問符がつけられた。また、座散乱木遺跡の土層の再検討の結果、前期旧石器が出土したとされる層は細かく分けられていたが、実際には火砕流で、人が住める状況にはなかった事が明らかにされた。

座散乱木遺跡で前期旧石器とされた石器群はあらゆる検討の結果すべてでその存在を否定されたのである。座散乱木遺跡はその後史跡指定が解除された（佐川、矢島2003年前掲）。

写真5　宮城県座散乱木遺跡検証調査の初日
（左から佐川副団長、戸沢調査委員会委員長、辻調査員（事務局）、矢島副団長）

4　最終報告に向けて

座散乱木遺跡検証発掘によって、藤村の告白が事実であることが裏付けられた。同時に前期旧石器とされてきた資料群全体に藤村が関わっており、学問的信憑性がないことも明らかになった。この理解が検証に取り組む学界全体のコンセンサスになっていった。残る仕事は、検証結果を社会にお伝えすることになった。ただ、戸沢委員長にはその前にしなければならないことがあった。共に調査をしながら、藤村のねつ造に気付けず結果として見過ごしその結果を自らの業績としてしまった研究者を如何に救済し、復帰させるかである。しかし、何もしないままでは研究者として復帰することはできない。戸沢委員長は、自らの失敗を認め、その失敗の理由を明らかにし、反省を示すことが必要だと考えた。

鎌田、梶原、栗島氏の記者会見

かくして３人の自ら知る事実、見逃してしまった理由と反省、謝罪を公表する記者会見が開かれた。宮城県考古学会、日本考古学協会特別委員会最終報告の直前2002年５月11日、会場は國學院大學常磐松校舎会議室だった。会見は鎌田、梶原、栗島の３名で、協会特別委員会戸沢、春成、小林、白石、谷川、矢島、辻が見守った。

会見の内容はすでに公表（日本考古学協会2002年『前・中期旧石器問題調査研究特別委員会報告（II）』）されているので、ここで詳しくは紹介しないが、それぞれに具体的な事実関係に触れ、ねつ造見逃しを認め、心からの反省を述べた真摯な内容だった。

鎌田、梶原両氏は私の古くからの友人であり、検証活動でも献身的に協力してくれた二人だったから、両氏のつらい記者会見に立ち会う際に心中穏やかでは居られなかった。それは明治大学での栗島、鎌田両氏の同窓生も同じ気持ちだっただろう。記者会見終了後、3氏はほっとした表情をみせていたのが印象的だった。その後、鎌田氏は仏道に励んでいるが、栗島氏は研究者として活躍を続け、梶原氏も地道な研究を続けている。戸沢委員長の願いはかなったのだろう。ただ、戸沢氏は、他にも数名の研究者に事実関係を認め、反省を公表するよう勧めたが断られた。私は、ねつ造を見逃した研究者が反省を公表せず、何事もなかったかのように研究活動を継続することには強い違和感を持っている。

日本考古学協会第68回総会戸沢報告

宮城県考古学会特別委員会に引き続き、5月25日に日本考古学協会第68回総会において戸沢委員長による2021年度特別委員会総括報告が行われた。題名は（「旧石器発掘捏造」に関する検証調査の結果）である。戸沢委員長はこの後程なくして健康上の理由から委員長職を辞し、小林達雄氏と交替する。検証活動を牽引してきた戸沢委員長最後の報告である。

報告では、捏造が疑われる遺跡の検証発掘結果と捏造が疑われる主要な遺跡出土の1100点の検討結果が述べられた。検証発掘は福島県一斗内松葉山、山形県袖原3、埼玉県秩父の遺跡群、北海道総進不動坂、宮城県上高森、座散乱木遺跡の合計6遺跡で行われた。検証発掘の結果は、確実な前・中期旧石器時代の遺物や遺構は発見されず、捏造の痕跡だけが認められたと結論された。石器の検討は、協会第1作業部会を中心に各地の学会、自治体で行われた。主要な石器群はほぼすべて検討対象となっただろう。その結果、各遺跡の資料群の中には非常に高い割合で、正常な出土状態ではあり得ない不自然な傷などがついた石器が含まれていることが判明した。結論は「学問的な資料としての要件を根本的に欠く」だった（日本考古学協会　2003『前・中期旧石器問題の検証』17頁）。

戸沢報告には続きがあった。それは、検証の過程で起きた様々な出来事に関わることだった。論点はいくつかあるが、詳細は巻末の参考資料XIを見ていただくことにして、私が重要だと考える内容を紹介したい。

まずは、マスコミ報道に関わる点だ。報告では、「マスコミの先を急ぐ競争的な報道姿勢に悩まされた」ことを指摘し、「遺憾の意を表し、反省を求めたい」と述べた。これは戸沢委員長の実感でもあり、検証の過程で行動を共にすることも多かった私の思いでもある。協会特別委員会の初期には、特別委員会で検討された内容がそのままマスコミに伝えられ、大きな反響をもたらした。当時の報道はまさに過熱としか言いようのない状況であったことは読者諸賢も覚えておられるだろう。中でも、藤村の病状を気遣いながら進めざるを得なかった面談は、報道されてしまえば大きな影響が予想され、極秘にせざるを得なかった。現に毎日新聞第２のスクープと喧伝される不確かな内容の報道の影響は極めて大きかった。面談は中止に追い込まれ、ついに藤村から捏造行為の動機を聞き出すことは出来なかったし、その機会は失われてしまった。戸沢委員長の脳裏にはこの時の痛恨の思いがあったのだろう。

次に、学会と行政機関との関係についてである。行政機関の検証発掘に学会が協力してきたこと、座散乱木遺跡検証発掘では協会が主体となり、文化庁、宮城県教育委員会、地元自治体がいったいとなって調査組織をつくり、調査がおこなわれたことを評価した上で、文化庁、宮城県教委と協会とのあいだで幾つかの見解の相違と方針の齟齬があったことが述べられた。これは、私も実感してきたところだ。具体的にはこれまで述べてきたことだが、上高森遺跡検証発掘に関わって宮城県教委に協力を依頼し、座散乱木遺跡検証発掘で文化庁に協力を依頼した時に非常に難しい対応をうけたことをさしているのだろう。

最後に加えられたのは、藤村と調査を共にし、結果として捏造を認識できなかった旧石器研究者への思いだった。報告はかれらの「多くの研究者が発掘の現場で、また、石器検証の場で、あるいは独自の立場で苦悩の念をおさえながら自己検証を通じて検証調査に協力」してきたことを「単に責任を問うのではなく、一定の説明責任をはたしたものとして評価したい」と述べる。戸沢委員長の捏造の調査に関わってしまった研究者に一定の説明責任を果たした後に研究者として再生して欲しいという願いが込められた一文である。私も難しい立場で検証に努力されてきた研究者の姿を間近に見てきている。まさに共感するところだ。一方、説明責任を果たそうとしない関係の研究者への不信も同時に示されている。

戸沢委員長報告を受けて、日本考古学協会会長声明（資料XII）がだされ、前期旧石器研究への疑念も表明されていたにもかかわらず、十分な議論の場を提供しなかったことへの反省、社会的な責任を果たせなかった事への謝罪、日本考古学の信頼を取り戻すための努力を誓い、内外への説明責任を果たすとともに新たな倫理綱領を制定することを目指す旨が表明された。この時約束された倫理綱領（資料XIII）は、2006年５月に制定された。

検証活動その後

2022年５月に宮城県考古学会特別委員会、日本考古学協会特別委員会の最終的な報告を終え、検証活動は一区切りを迎えた。その後岩手県ひょうたん穴遺跡検証発掘、仙台市上ノ台遺跡検証発掘が行われ、いずれも捏造が明らかになった。また、宮城県教育委員会によって宮城県内出土石器の検討が行われ、藤村が関わった資料はいずれも学問的な資料としては使えないことが明らかにされた。

捏造発覚から約１年半、学会が比較的早く捏造の実態を明らかにし、反省と再生の意を述べたことで、捏造問題は結着したといえよう。社会的な関心も収まったように見える。

ただ、検証発掘はすべての疑いある遺跡で行われたわけではないことや、捏造の責任、捏造を容認してしまった学会、学問のあり方など、残された問題、疑念もまた多い。

第4章
残された課題

1　考古学の課題

捏造発覚から約2年経過して、事件の全容はほぼ解明された。日本の旧石器時代研究は大きな反省とともに、日本旧石器学会を設立し、歩み始めた。社会的な反響も少しずつ収まっていった。捏造事件は一応の収束を迎えたといえよう。日本考古学協会をはじめ学会、関係機関が早い段階で事件の全容を解明し、反省の意を明確に示したことが功を奏したと思われる。一方で、失われた信頼を取り戻すためにはこれからも考古学という学問を地道に、誠実に突き詰めていくことが求められるのだろう。

ただ、考古学は、なぜこのような捏造が見抜けなかったのか、なぜ捏造の結果構築されてしまった虚構の論理を許容してしまったのか考え続けなければならない。問題は多岐に渡るだろうが、私はまず、方法論の問題を取り上げる必要があると思う。

型式学と層位

上高森遺跡での捏造が発覚した当時、捏造がどの遺跡まで及んでいるのかが大きな問題となった。私の周囲の旧石器研究者は、捏造の範囲はごく限られていると考えていた。その理由は「あんなにたくさんの石器を埋め込めるはずがない」であったり、「調査で一緒にいたけれど、怪しい動きはなかった」「あの遺跡は藤村が初めて行ったところで土地勘がないのに自由に動き回って埋め込み出来るわけがない」というようなものだった。検証活動の結果、藤村は素早い動きで一度に多数の石器を埋め込むことを常としていた。場合によっては調査のさなかに他の調査者がいる状況でも埋め込んでいた。知らない土地でもなんのそのだ。上記の理由は今となっては何の根拠にもならない。

私は上記の理由を大きな違和感を持って聞いていた。なぜか。「なぜ旧石器研究者の皆さんは、旧石器研究者なのにこの石器は前期旧石器時代の石器とみて問題ないあるいはこの時代の技術的な水準とこれらの石器群とは矛盾がない」などの反論をしないのだろう。結局、検証が行われていた２年間に一度も石器の型式学的な理解（その時代の特徴）が語られることはなかった。これはいったいなぜなのだろう。

じつは、この頃、東北地方の旧石器研究者には「層位は型式に優先する」という考え方があった。

「層位は型式に優先する」ということは、こういうことだ。

下位にある古い地層から出土すれば型式学的に多少疑問があっても、疑問のある部分は、型式学的な認識が間違っているのであって、古い層から出土した石器群はその時代の正しい姿なのだと考えることを意味する。「型式学的な疑問」とは、その時代の石器と考えるには姿、形が整合しないのではという疑問だ。この考え方の背後には考古学の世界で言う「型式学」への不信感がある。

この考え方はある意味正しい。古い地層に含まれる石器は古いに違いないからだ。それでは藤村のねつ造になぜだまされてしまったのか。じつは、ねつ造石器は古い地層に含まれてはいなかった。藤村が意識的に作った現代の層中にあったのだ。藤村の作為は見破れなかった。ねつ造石器は古い地層から発見されたと認識され、前期旧石器と信じ込まれたのだ。藤村と共に調査した研究者がだまされたと言う所以である。

しかし、このような論理は学問のあり方として妥当だろうか。たった一つの理屈にすべてを依拠してしまえば、その部分に問題が生じればすべて崩れ去ってしまう。ねつ造事件はまさにそうだった。学問の成果が信頼性を増し、次の成果を積み上げる基礎となるためには安定性が欠かせない。そのためには、複数の論理で結論の妥当性を検証する必要がある。捏造事件に引きつけて言えば、古い土層から出土していることに加えて、そのの時代の石器として整合性があるか、石器の製作技術は古い時代としておかしくないか、世界の前期旧石器の様相と整合性はとれているかなどなどの検証が必要だったのだろう。

今捏造石器を振り返れば、座散乱木遺跡出土とされた石器には、常識的見れば縄文時代の石器が含まれていたし、加熱処理や押圧剥離などの後の時代の技術の存在も指摘された。複数の要素をきちんと検討していればもう少し早くねつ造を疑うことは可能だったのではないかと悔やまれる。東北の旧石器研究は研究方法に問題を抱えていたと言わざるを得ない。

自然科学との連携

座散乱木遺跡の調査では積極的に自然科学的な知見や分析が用いられた。これは、複数の視点から事実にせまる重要な試みだった。ただ、残念ながらそれはうまく機能しなかった。それはなぜか。

例えば層の理解である。座散乱木遺跡で前期石器が出土した12，13，15層は地質学的な検討では、安沢軽石層2と判定された（豊島、石田　1983年「座散乱木遺跡遺跡周辺の地形、地質および火山灰」『座散乱木遺跡ー考古学と自然科学の提携ー』)。火山から噴出する軽石層の中から前期旧石器が出土したと考えられた。この矛盾は、軽石が降下する時間の中に休止期間があり、その時に前期旧石器人が生活し、石器を残したと説明された。いかにも苦しい解釈だが、前期旧石器の存在を前提とすればそう解釈せざるを得ない。考古学的成果と地質学的な成果がお互いにもたれ合って一つの解釈が生み出されたのである。この解釈の影響は大きかった。考古学的な発見と自然科学的な理解がともに前期旧石器の存在を証明したと受け取られたのである。こうして、前期旧石器の存在は客観的な事実と考えられ、座散乱木遺跡史跡国指定につながっていった。国史跡指定という権威がその後のねつ造による石器の認定に大きな影響があったと思う。

しかし、読者諸賢はもうお気づきのことと思う。地質学的な所見は考古学上の石器発見を受け入れてねじ曲げられているのだ。少なくとも地質学的な所見では、人の活動痕跡を肯定出来なかったはずだ。二つの学問分野が矛盾する結果に到達したときに、その矛盾は事実関係を追求する中で解消されるべきだ。座散乱木遺跡でも軽石の降下中に前期旧石器人が生活できるのか否か、本当に降下する中で休止期間があったのか議論されるべきだった。なお、現在安沢軽石層2は鳴子火山を給源とする火砕流と考えられている（早川 2001年「火山灰編年学からみた「前期旧石器発掘捏造事件」『SCIENCE of HUMANITY』vol 34）。火山から流れ落ちる火砕流に休止期間が存在し、そこに人が暮らすという想定はますます矛盾に満ちた理解になっている。

私は、座散乱木遺跡における自然科学との協働の試みはあるべき姿だと考える。ただ、その時に注意すべき事がある。それは、複数の学問領域が協働して研究を進める場合、互いの研究成果を無批判に受け入れて前提としないことである。ややこしい話でわかりにくいが、複数領域で研究を進めるときに、相互依存をせず、それぞれの成果を独立して考えるべきであることを強調したい。

ねつ造石器の取り扱い

ねつ造に用いられた石器の総数は一説には3，000点と言われる。また、自室に保管したねつ造に使用を考えていたと言われるＦコレクションは100点前後あり、その他に当時の自宅ガレージに乱雑に保管していた数千点も資料がある。じつは、私の勤務していた大学の収蔵室にはねつ造の痕跡をウレタンで保護して切り取った資料も存在する。

私は冒頭にも述べたように、ねつ造事件は、現代史上の事件と考えている。従ってこれらの数千点にのぼるねつ造に使われた石器群やねつ造の痕跡はまさに現代史の歴史資料だということになる。

戸沢委員長は東北歴史博物館長に会い、Ｆコレクションを所蔵してくれないかと申し入れたことがある。当時の館長は手続き上の問題を挙げて所蔵出来ないと答えた。戸沢委員長手続き上の問題を知りつつも、資料の重要性を考えて阿吽の呼吸で受け入れて欲しいとの願いだったが一蹴されてしまった。「説教されてしまったよ」と苦笑いしていたものだ。

現在Ｆコレクションは東北旧石器研究所から東北歴史博物館に寄宅されていると聞く。また、馬場壇遺跡、高森遺跡など宮城県教育委員会調査資料も同館に収蔵されているはずである。筆者は、東北旧石器研究所調査資料、県、市、大学収蔵資料も含めてすべて１カ所に収蔵すべきだと思う。東北歴史博物館にとって望ましいことではないとは思うが、二度とねつ造問題のような、学問の存在を問われるような事件を起こさないためにも、同館の英断を求めたい。かつてねつ造石器を自ら調査し、展示、公開した責任の取り方の一つであるように思うがどうだろうか。

2　残された問題

ねつ造の検証活動が終了した後も、社会の中にはなお幾つかの疑問が残されている。その内のいくつかに筆者が知る範囲で答えておきたい。

ねつ造は単独犯行なのか？

ねつ造に用いられた石器の総数は少なくとも千点を超えており、一説には三千点にも及ぶという。このような膨大な数の石器を埋め込むことは一人で可能とは思えない。共犯者がいたのではないか。検証活動の中でしばしば問われた質問である。また、日本考古学協会が藤村から得た告白文を宮城県教育委員会に藤村の個人情報に関わる部分を黒塗りの状態で渡し、それをそのまま公表されたことで、黒塗りで消された部分に共犯者の名前が書かれていたのではないかとする憶測も広がった。実際、ねつ造事件に関わる多くの著作で、ねつ造事件に共犯者がいる可能性が論じられ、中にはかなり断定的に共犯者の存在を推定するものもあった。また、上高森遺跡の調査団を構成するときにネット上で、共犯の疑いがある人間を調査団に加えるべきでないとする強い論調もあった。

筆者は、ねつ造事件は藤村が単独でおこしたと考える。また、少なくとも、共犯者の存在を裏付ける客観的な証拠はどこにもないと思う。筆者がこのように考える根拠を述べよう。

まず、黒塗りの資料である。この資料は、藤村との面談の過程で、日本考古学協会から主要な遺跡についねつ造の有無を含む10項目の質問への回答文の一部である（p.73-82）。面談の過程で、藤村は検証調査結果などの根拠を挙げて疑問を提示したものはねつ造を認めたが、その他は明瞭には答えなかった。そのために、面談の中で10項目の疑問点を詳細に記述し、回答を求め、藤村は自らワープロで回答を作成した。言わば自白の書である。宮城県教委にはこのうち宮城県内遺跡の部分を手渡した。これは犯罪で言えば言わば自白にあたるものだからそのまま真実とうけとることは出来ない。是非宮城県教委にはこの内容の裏付けする検証を行っていただきたいという意味でこの文書を手渡した。ただ、文書には藤村個人の状況を示してしまう文言も多く含まれていたため個人情報に関わる部分を黒塗りにし、伏せたという経緯がある。

それでは、黒塗りの下に共犯者の名前があるのか？　答えはNOである。筆者は第5回面談の中でこの文書を渡されており、もちろんその内容はすべて見ているが、個人の名前はまったく登場しない。多くの人が黒塗りの下に個人名があるのではないかと疑ったが、私の名誉にかけてそのような事は無かったことを断言する。

また、私は、第2回から第5回まですべての面談に参加し、面談記録作成にあたった。その過程で、長時間藤村の説明、当時の回顧、思い出話を聞いてきたが、中に共犯者の存在を思わせる言葉は一言もなかった。

藤村作成の回答書、面談の記録は現在日本考古学協会に保管されている。個人情報の関係で公開は難しいかもしれないが、上記の説明が正しいかどうかを問い合わせれば責任ある回答が得られるだろう。

次に、藤村と共に調査にあたった研究者はどうか。まずは、共に旧石器文化研究所で活動した鎌田氏と梶原氏に疑いがかけられることが多かった。

しかし、両氏ともに日本考古学協会の検証活動に献身的に協力してくれた。鎌田氏は藤村との面談の橋渡し役を担い、面談の実現と遂行に努力をしていただいた。また、梶原氏はＦコレクションの整理作業に取り組み、その分布範囲等、詳細データを作成し、宮城考古学第５号誌上で公表した。また、両氏共に、先に見た藤村への10項目の質問の内容を筆者らとともに検討し、その回答を得るのに大きく貢献した。このように真摯に検証作業に取り組む両氏と行動を共にする中で、私は両氏に一片の疑義も感じたことはない。

両氏の他にも多くの研究者が藤村と調査を共にしているが、皆それぞれの立場の中で検証作業、検証調査に取り組んでいる。私とは立場の違いもあって意見を異にすることも多かったが、真摯につらい活動に取り組んだ。その結果が上高森遺跡検証調査、座散乱木遺跡検証調査の正確な成果につながったと確信している。

現状で、藤村と調査を共にした研究者が共犯ではあり得ないし、それを疑う合理的な根拠も存在しない。私が藤村の単独犯行であったと確信する由縁である。

余談だが、第２回面談には藤村と共に調査した研究者が何人か参加していた。その場で研究者がどれは大丈夫なのか教えてくれとせまった光景が忘れられない。関係の研究者は調査した石器が本物であることを信じていたし、信じたい思いにあふれていた。

ねつ造事件の責任のとり方

ねつ造事件の責任は誰がどう責任をとるのか難しい問題だ。当事者の藤村に刑事責任は問えないらしい。何かを取り去るのであれば犯罪だが、現場に本来無かった物を埋め込んでいくことに刑事責任は問えないということなのだろう。

ただ、ねつ造事件は社会に大きな影響をもたらした。最古の石器が発見され続けた頃は社会に歓迎された。日本人の起源が遡っていくことは誇らしいことだったからだ。ねつ造の発覚後韓国など周囲の国々から厳しい批判を受けたのはこの部分だった。日本人は歴史をねつ造して優越性を主張しようとしたということだ。

この事を含めて、学会は誤った歴史認識を認め、発表の場を提供し、刊行物に掲載した。学会が責任を問われる理由である。ねつ造の結果として日本人の起源が遡ることで、日本人の優越感を刺激した。歴史認識は人々の意識を変えるのである。この意味で、学会は正しい認識を伝える責務がある。

日本考古学協会は特別委員会を組織して検証活動を実施し、ねつ造の実態を解明した。十分だったか否かは意見の分かれるところだろうが、一応の責任は果たしたと筆者は考える。同じく特別委員会を組織し、検証活動に当たった宮城県考古学会を含め各地の考古学会も同様だろう。

関係組織では、ねつ造に関わる調査の主体となった東北旧石器文化研究所は、学会等の検証活動に全面的に協力をし、学会のもとめに応じて未刊行だった報告書を刊行した。活動も終了している。藤村を除き、活動の中心を担った鎌田、梶原両氏も謝罪と反省の意を公式に表明している。可能な範囲で責任を果たしているように思われる。一方、馬場壇A遺跡、高森遺跡の調査を実施し、前期旧石器と評価して公表した宮城県教育委員会、「旧石器時代の東北」と題する企画展を開催し、図録で前期旧石器の存在を大きく取り扱った東北歴史博物館は公的には訂正、謝罪をしていない。内部的には出土石器の検証は行ったと聞くが、検証のための発掘調査を実施していない。学会の検証発掘には一定の距離をとり続けた宮城県教育委員会は結果として学会の検証成果に依拠し、自ら責任ある行動をとらなかったように見える。

一方、個人はどうか。専門家としてねつ造の結果を正しいとして社会に伝えた責任はあるのだろう。だまされたことで被害者としての感覚もあるのかもしれないが、一方で専門家としての言動の責任も問われるところである。実際に、記者会見などで謝罪の意を表明した数人の研究者がいる。大変つらいことであったはずで、心中穏やかではなかっただろう。責任の果たし方の一つとして評価したい。

モノローグ

2000年11月に旧石器ねつ造が発覚してから約2年間にわたって検証活動が続いた。私も2001年以降、約2年間宮城県考古学会では特別委員会の責任者として検証活動を担い、日本考古学協会特別委員会では極秘で藤村との面談に関わった。この期間は、寸暇を惜しんで走り回っていた記憶がある。ゼミの学生にも、妻にもこの時期に白髪で頭が真っ白になったと言われる。つらい時間だった。

検証に走り回る中で、様々な場面に出会い、考えさせられることが多かった。ここでは筆者の独り言として語ってみたい。

報道のこと

検証活動期間中、常に報道との関係に悩まされた。毎日新聞最初のねつ造報道のお陰でねつ造問題が発覚し、学会として対応することができた。そのことには心から感謝している。あのスクープがなければねつ造は継続し、さらに厳しい状況が生じていただろう。

ただ、それ以降、報道は過熱していった。日本考古学協会特別委員会が発足した段階で何かを検討しようとしても、その内容は直ちに報道され、世間の大きな反応を引き起こすことになってしまう。特別委員会が大所帯だったこともあって具体的な議論が出来にくい状況になってしまっていた。

また、毎日新聞社が第２のスクープと称する記事は、事実関係を十分には伝えておらず、誤った部分も多いが、検証活動の行方に大きな影響を与えてしまった。戸沢委員長は告白には検証が必要だと考えていて、告白を公表する前に関係自治体に伝え、自治体での検証活動を求めようと考えていた。しかし、報道されてしまったため、告白がそのまま事実と受け止められ、各自治体での検証活動にはつながらなかった。また、面談は毎日報道以後は行われなかった。本来は継続し、なぜ藤村はねつ造行為を行ったのかその動機にせまる予定だったがそれもできなくなった。

戸沢委員長は、検証活動に支障があるから、告白の件を報道しないようにと事前に伝えていたが、無視され、コメントまで作り上げられてしまった。

報道が実際の活動に強い影響を与えるのは報道のあり方として正しいのか？　私の大いに疑問とするところである。

ネット空間

ねつ造問題は、インターネット上でも大きな問題として取り上げられ、多くの議論がなされた。当時は掲示板の書き込みの形だった。

掲示板には、真偽のほどはともかく、あらゆる情報が提示され、あらゆる意見が書き込まれた。筆者はこの掲示板上の情報、意見を見ていたが、事実関係と違う情報や極端と思われる意見に訂正または再考を求める意味で時折書き込みをしていた。ハンドルネームは「杜の住人」だった。

掲示板上の意見交換は、有益な場合もあったが、一方で個人攻撃かと思わせる場合があった。私は、本人が知らない可能性のある場所での個人攻撃はするべきでないと書き込んだが、税金得て活動している研究者はすべてのネット情報を知っておくべきだとする意見があり、多くの参加者がこの意見に賛意を示した。私は、ネット上では冷静な意見交換を望むことが出来ないと知り、ネットでの書き込みを一切止めてしまった。ネット空間への不信感は今も変わらず、現在もSNSはいっさい利用していない。なお、余計なことだが、掲示板上で意見が対立した研究者が、これ以後私が彼を意識的に無視したと言っているようだが、それは単なる誤解である。たまたまタイミングがうまく合わなかったということだ。

私の立場

私は、検証活動期間に常に批判にさらされてきた。それも表だってというよりは影で言われていて、まわりまわって私が知ることが多かった。

その一つは、旧石器研究者でもないのになぜあいつがしゃしゃり出てくるのかということである。宮城県内の旧石器研究者には独特の仲間意識があり、他分野の研究者に口を出されるのを嫌う傾向があるように思う。その部分に私が口を出すことに表立っては反対できないだけに感情的な嫌悪感があったのかと思う。結局はあいつはこの問題の門外漢なのに功名心、過剰な自意識を満たすために検証活動を買って出たのだと思われたようだ。宮城県考古学会特別委員会委員長の役もこのような脈絡で捉えられたらしい。「あいつはやりたいからやってるんだ。どんなに苦労しようと自分のまいた種だ。とりあえずやらせておけ。問題があればやめさせてやる」といった感じだったのではないかと邪推している。

ただ、私は考古学という学問の存続をかけて戦っていたつもりだ。２年間の戦いを振り返れば、功名心でできるような生やさしい仕事ではなかったことは確かだ。中島みゆきの「ファイト」という曲に「戦う君の唄を戦わない奴らが笑うだろう」という歌詞があるが、当時はまさにそんな心境だった。

もう一つは私の学歴上の立場だ。私は東北大学芹沢長介先生の最初の研究室所属学生にあたる。日本考古学協会特別委員会戸沢委員長と我が恩師芹沢先生とは犬猿の仲であることは考古学の世界では周知のことだ。

私は、恩師芹沢先生が認め、東北大学でともに学んだ同窓生達が関わってしまったねつ造事件に戸沢先生率いる日本考古学協会特別委員会委員として向き合うことになってしまった。しかも、検証の結果、ねつ造が疑われた同窓生が関わった遺跡のいずれもがねつ造だった。「いったいあいつはどういう立場なんだ。恩師芹沢先生とその教えを実践する同窓生達をおとしめるのか」という感情は理解出来る。難しい立場に立ってしまったと思ったものだ。

ただ、事実は事実。学問上の立場で左右できることではない。この難しい立場はただ受け入れるしかないのだろうと当時は観念していた。20年以上が経過した今、難しさは少しずつ和らいできたのは救いである。

最後に

ねつ造が発覚し、社会は大騒動になった。残念ながら悪い意味であったが、これほど考古学という学問が社会に注目され、話題になったことはなかったのではないかと思う。中で、「考古学という学問はねつ造を見抜けないほど未熟で信頼出来ないのか」という意見を聞くことも多かった。

筆者が検証活動に関わった理由は、社会の考古学に対する不信感を少しでも和らげる事が必要だと感じたからだ。学問は社会からの信頼なしには存続できない。このままでは考古学という学問の存続が危うい。私を駆り立てた想いである。

幸いにして、同僚佐川正敏教授にはこの想いに応え、共有していただいた。2年間の検証活動を駆け抜けてこれたのは、佐川教授の支えによるところが大きい。心から感謝の意を表したい。また、藤村との面談を主導した日本考古学協会特別委員会委員長戸沢充則先生、ともに活動した佐川教授、明治大学矢島國雄教授とは固い信頼関係で結ばれていたことを明記しておきたい。

なお、文中で藤村氏への敬称は使用しなかった。筆者の思いの中でどうしても敬称を使うことは納得できなかった。お許しをいただきたい。

ともあれ、ねつ造事件の検証に多くの人々のご協力をいただきながら、一定の成果を挙げ得たことを喜びとし、擱筆したい。

資料編

資料Ⅰ　旧石器発掘「ねつ造」に関する声明
（宮城県考古学会）

資料Ⅱ　旧石器発掘「ねつ造」に関する総会決議
（宮城県考古学会）

資料Ⅲ　宮城県考古学会役員会への提案

資料Ⅳ　宮城県考古学会旧石器発掘「ねつ造」問題特別委員会（仮称）並びに準備会設置に係る役員会決定

資料Ⅴ　宮城県考古学会旧石器発掘「ねつ造」問題特別委員会準備会の活動

資料Ⅵ　宮城県考古学会旧石器発掘「ねつ造」問題特別委員会の活動内容

資料Ⅶ　宮城県考古学会旧石器発掘「ねつ造」問題特別委員会中間報告

資料Ⅷ　旧石器発掘「ねつ造」問題特別委員会活動報告
（宮城県考古学会）

資料Ⅸ　上高森遺跡検証発掘調査組織

資料Ⅹ　座散乱木遺跡検証発掘調査組織

資料Ⅺ　「旧石器発掘捏造」に関する検証調査の結果
（日本考古学協会）

資料Ⅻ　前・中期旧石器問題に対する会長声明（日本考古学協会）

資料XIII　一般社団法人日本考古学協会倫理綱領

資料Ⅰ　旧石器発掘「ねつ造」に関する声明

1　本会会員が引き起こした旧石器発掘「ねつ造」は、考古学・歴史学に対するきわめて重大な背信行為であり、擁護の余地のないことである。

2　「ねつ造」のもたらす学問的・社会的痛手は計り知れないものがあり、誠に遺憾である。

3　学問的良心に従って考古学に携わる」という原点に立ち戻り、本学会は今後全力を挙げ考古学に対する信頼回復に努めたい。

2000. 11. 11　宮城県考古学会

《声明を出すに至った経緯》

平成12年11月5日（土）早朝、突然日本国中を震撼させた旧石器発掘「ねつ造」のトップ記事（毎日新聞）に強い衝撃を受け、マスコミ報道の内容ににわかに信じがたい思いでおられた会員も多かったことと思います。

この旧石器発掘「ねつ造」の問題について、県考古学会としてどのように対処すべきか。このことについて、11月9日（木）午後6時に代表幹事会を開いて議論し、11日（土）午後2時に緊急役員会を招集して討議した結果、当学会の会員が引き起こした「ねつ造」について、会の基本的な態度表明を早急にすべきであるとの結論に達し、同日午後8時30分に県庁で会長、副会長、幹事長が緊急記者会見を行い、報道各社に対して声明を発表いたしました。会員の皆様には、役員会の責任で提出した「声明」について、御了解を頂きたく報告いたします。

（高倉敏明「宮城県考古学会の対応と経緯」2001年
『宮城考古学』第3号より転載）

資料Ⅱ　旧石器発掘「ねつ造」に関する総会決議

2000年12月16日

宮城県考古学会

宮城県考古学会は、宮城県を中心とする考古学の調査研究と会員相互の情報交換を通じて考古学の発展と普及に寄与し、会員の資質の向上と親睦を図ることを目的とし、1998年に設立された。会員は、本会の目的に賛同する者であれば誰でも入会できることから、考古学研究者や行政機関の調査担当者は言うに及ばず、考古学愛好者や学生など300名を越えている。

近年、考古学に対する県民の関心が高く、取分け前期旧石器時代の調査研究に対する興味と新たな発見に熱い期待が寄せられてきた。このような中にあって、本会会員が引き起こした「ねつ造」は、考古学・歴史学に対する極めて重大な背信行為である。さらには、県民の考古学に対する期待と信頼を裏切る許し難い行為であって、擁護の余地はない。「ねつ造」のもたらす学問的・社会的痛手は計り知れないものがあり、誠に遺憾である。

私たちは、この度の「ねつ造」を私たち自身がかかわってきた考古学のあり方にも起因する問題として反省し、「学問的良心に従って考古学に携わる」という原点に立ち戻り、今後全力を挙げ考古学に対する信頼回復に努めたい。

よって、宮城県考古学会は、この度の「ねつ造」に関して以下のような決議を行う。

（決 議 文）

1 「ねつ造」を引き起こした藤村新一会員には退会を勧告する。

2 鎌田俊昭・梶原洋会員については、調査団を形成してともに調査にあたった考古学研究者としての共同責任を厳しく問うものである。

3 上高森遺跡調査団・東北旧石器文化研究所に対しては、学問的・社会的責任を明らかにするよう以下のことを要求する。

(1)「ねつ造」に関する真摯な総括と真相を明らかにするため今次上高森遺跡の事実報告書を公表すること。

(2)「ねつ造」に使用された石器や藤村新一会員所有のコレクションの実態を明らかにすること。

(3)「ねつ造」により疑惑が生じている遺跡の再検証調査については、上高森遺跡調査団・東北旧石器文化研究所が主体として行うべきではなく、各機関が行う調査に対して誠意を持って協力すること。

(4) これまで発掘調査を実施した遺跡の学術報告書を早急に刊行すること。

4 再検証に関する情報や記事、学術的な論考などを会誌、連絡紙に積極的に掲載し、「ねつ造」問題をめぐる議論の場を提供する。

5 日本考古学協会が行う検証のための特別委員会に協力、支援する。

以上

（高倉敏明「宮城県考古学会の対応と経緯」2001年
『宮城考古学』第3号より転載）

資料Ⅲ　宮城県考古学会役員会への提案

辻　秀人

2001. 01. 21　　於　ホテル白萩

提案１　旧石器発掘ねつ造問題特別委員会を設置すること。

提案理由

2000. 12. 16 臨時総会決議の３から５を実効あるものにするためには、ねつ造問題を専門的に扱う組織が必要である。

関連事項

この特別委員会の活動内容はおおよそ次のようなことが考えられる（私案）。

1、ねつ造問題に関する情報収集
2、東北旧石器文化研究所に事実報告書の公表、藤村氏のコレクションの実体を明らかにすること等を積極的に促していくこと。
3、日本考古学協会特別委員会への協力、支援
4、関連団体との情報交換、協力（東北旧石器文化を語る会、考古学研究会など）
5、藤村氏が関与した前期旧石器時代遺跡発掘調査に関する検証作業（行政組織の関与していない遺跡を中心に）
6、検証作業の方法論の検討

提案２　日本考古学協会、東日本の考古学を語る会と共同で、実質的に調査未了の状態で遺されている上高森遺跡の現状

確認と遺構のチェック等の最終段階の調査を実施すること。

提案理由

旧石器ねつ造問題の検証作業の中で、もっとも急を要することは、昨年度上高森遺跡で発見された柱穴などの遺構が調査団の認定通りであるのか否か確認することである。遺跡を埋め戻す前にこの確認作業は不可避である。また、このような作業は個人レベルあるいは特定の人々だけによって行われることは望ましくない。従って、日本考古学協会、東日本の旧石器を語る会と宮城県考古学会の共同調査とすべきである。

関連事項

この調査は、現在地元にあって大きな責任が問われているのにも関わらず問題意識が低いといわれている宮城県考古学会がオルガナイザーとして中心的な役割を果たすことが必要である。また、実質的にもそのようにしないと実現は難しいと思われる。そのためには提案1の特別委員会及び役員会で日本考古学協会、東日本の旧石器を語る会に呼びかけて、連絡協議会を設け、検証方法、調査団の構成、経費の負担等について話し合っていくべきである。

調査団は3団体から代表者を出して構成すべきである。実際の調査にあたるメンバーはボランティアということになるが、現場に調査期間を通じて張り付くことができる人材は限られているので、学生会員に労働の提供を求めることになる。この場合一般会員は可能な日に参加する形となる。遺構の確認等重要な部分には広く会員の参加を求めることになる。

調査費用は会員からのカンパ、宮城県考古学会からの支出、各学会からの支出、考古学関係者などのカンパで捻出することが必要となる。

提案３　宮城県考古学会のホームページを作り、運営すること

提案理由

提案２のような活動を行う場合、調査の実施、検証の方法、結果の解釈等について透明性を確保する必要がある。そのような情報提供の手段としてホームページ開設が現状ではもっとも有効と考える。

関連事項

ホームページに掲示板をつくり、検証の方法について広く意見を求めることも有効ではないかと思われる（議論ではなく、提案を求める形が望ましい）。また、カンパの募集、会計報告等にも有効かもしれない。

資料Ⅳ　宮城県考古学会旧石器発掘「ねつ造」問題特別委員会（仮称）並びに準備会設置に係る役員会決定

特別委員会設置の趣旨

1. 本問題に関する声明、総会決議に基づき、具体的に取り組んで行くための方法を検討する。
2. 日本考古学協会特別委員会への支援・協力を行うため、当学会としてサポートする場が必要である。
3. 本問題は、中・前期旧石器発掘に関する極めて学問的専門性が高い分野でもあり、研究者の協力が必要である。

上記の趣旨に基づき、本問題に関する特別委員会を設置するための準備会を組織する。

名　　称：宮城県考古学会旧石器発掘「ねつ造」問題特別委員会（仮称）準備会

活動内容：活動内容については、次の5項とするが、それ以外のことについては、準備会で検討する。

1. 検証作業の方法論の検討
2. 本問題に関する情報収集
3. 東北旧石器文化研究所に事実報告書の公表、藤村氏のコレクションの実体を明らかにすること等を積極的に促していくこと。
4. 日本考古学協会特別委員会への支援・協力
5. 関連団体との情報交換、協力

資料Ⅱ　宮城県考古学会旧石器発掘「ねつ造」問題特別委員会（仮称）
並びに準備会設置に係る役員会決定

委員会の構成：委員会の構成は、旧石器研究者とそれ以外の会員から選出する。

委員会の人数：委員会の人数は、10名とする。なお、準備会の委員として以下の9名を推薦する。

旧石器研究者　4名

旧石器以外　　5名

委員会の位置：委員会の位置づけは、代表幹事会の下に置く。

準備会で検討されたことについては、代表幹事会に報告することとし、代表幹事事会から役員会に報告することとする。その際、必要に応じて準備会委員の出席をいただくこともある。

2001年2月22日

資料Ⅴ　宮城県考古学会旧石器発掘「ねつ造」問題特別委員会準備会の活動

発足の経緯

2000年

11月5日　藤村氏によるねつ造を毎日新聞が報道

11月11日　旧石器発掘「ねつ造」に関する声明

11月9日　代表幹事会、11月11日　役員会
遺憾の意と信頼回復に努めることを表明

12月16日　旧石器発掘「ねつ造」に関する総会決議

2001年

2月18日　役員会にて「宮城県考古学会旧石器発掘「ねつ造」問題特別委員会準備会」設置を決定

2月22日　第1回宮城県考古学会旧石器発掘「ねつ造」問題特別委員会準備会　フリートーキング

3月10日　第2回宮城県考古学会旧石器発掘「ねつ造」問題特別委員会準備会
特別委員会のやるべき仕事内容について検討

3月15日　日本考古学協会特別委員会準備会委員3名とともに藤村コレクションの取り扱いについて協議

3月24日　東北日本の旧石器文化を語る会主催の「線状のキズ」「鉄分の付着」の観察会に宮城県考古学会員

7名参加　於東北大学理学部

3月25日　第3回宮城県考古学会旧石器発掘「ねつ造」問題特別委員会準備会
特別委員会のやるべき仕事内容について合意
委員から「線状のキズ」「鉄分の付着」についてレポート

4月8日　第4回宮城県考古学会旧石器発掘「ねつ造」問題特別委員会準備会
「線状のキズ」「鉄分の付着」などが後期旧石器時代の資料などに存在するのかを検討
後期旧石器時代資料にもあることを確認したが、座散乱木遺跡資料に頻度が高いことを確認。さらに類例をあたり、このような痕跡の性質についてさらに検討する必要があることを確認
4月14、15日に予定されている日本考古学協会、東北日本の旧石器文化を語る会との検討会にのぞむ姿勢について討議

4月14・15日
日本考古学協会、東北日本の旧石器文化を語る会との合同検討会
藤村氏収集資料概要把握、上高森遺跡、座散乱木遺跡、馬場壇遺跡
原セ笠張遺跡出土石器の検討

4月21日　第5回宮城県考古学会旧石器発掘「ねつ造」問題特別委員会準備会
合同検討会の内容について共通認識を確認、特別

委員会設置後、特別委員会の活動のあり方について意見交換

資料Ⅵ　宮城県考古学会旧石器発掘「ねつ造」問題特別委員会の活動内容

2001.0325　準備会合意内容

事実関係の確認作業

現状で入手可能な資料にもとづく藤村氏が関与した前・中期旧石器時代遺跡発掘調査に関わる事実関係の確認。

調査日誌、現説資料、報告書、遺物の状況その他

※委員会では、特定の遺跡について決められた担当者が事実確認の結果を報告し、委員会全体で討論を行う。必要であれば関係者に委員会への参加を求める。

検証作業の方法論の検討

検証作業にあたって問題となることの検討

石器のキズ・摩耗・風化・付着物、黒色土、出土状態、押圧剥離、石器組成、年代測定、石器製作前の熱処理の有無等

※委員会では分担してそれぞれの問題についてレポートを行い、討論する。

検証のための発掘調査の検討

調査の必要性及び発掘調査のあり方の検討

情報収集

新聞、雑誌、テレビ、ラジオ、インターネットなどの「ねつ造」問題関連記事、学会、各地の検証作業、報告等の情報収集

※委員会では担当者を決めて報告を行う。

東北旧石器文化研究所との接触

関係者を通じて藤村氏と接触し、事実関係の説明を促す。

藤村コレクションの公表を促す。

上高森遺跡、中島山遺跡の発掘調査報告書公表を促す。

日本考古学協会への協力、支援、関連団体との情報交換、協力

日本考古学協会、東北日本の旧石器文化を語る会との役割分担、相互支援、協力

その他の検討課題

意見を集約し、情報を提供するためのホームページの開設

検証作業の結果の速やかな公表

＊これらの検証活動を進めていくにあたって、査問的な意味あいや汚名返上的な色彩をもたせず、事実関係を客観的に積み重ねていくというスタンスが必要である。

資料Ⅶ　宮城県考古学会旧石器発掘「ねつ造」問題特別委員会中間報告

特別委員会委員長　　辻　秀人

2002年1月19日

はじめに

宮城県考古学会旧石器発掘「ねつ造」問題特別委員会（以下本委員会）は、5月に発足して以来、9ヶ月にわたって、活動をしてまいりました。本委員会の活動につきまして、会員の皆様にご支援いただき、心から感謝申し上げます。また、これまで活動の内容につきまして充分なご説明ができませんでしたことをお詫び申し上げます。

さて、宮城県考古学会では、一昨年11月のねつ造事件発覚直後に声明を出し、全力で考古学の信頼回復に努める意志を表明いたしました。また、引き続いて同年12月に開催いたしました臨時総会におきまして、東北旧石器文化研究所に対して社会的な責任を果たすよう要求すること、検証のための議論の場の提供、日本考古学協会の検証活動への支援など5項目にわたる決議を行いました。

本委員会は、これらの声明、決議で表明してまいりました宮城県考古学会の意志や社会にたいする約束を実現するために、3ヶ月間の準備会による検討を経て設置されました。準備会による検討を踏まえて、委員会の活動は事実関係を確認する検証作業、検証のための方法論の検討、情報収集、対外的な折衝、支援などを主な内容とすることにいたしました。それぞれの活動内容につきましてこれからご報告申し上げます。

東北旧石器文化研究所との折衝

一昨年12月の総会決議で東北旧石器文化研究所に対して上高森遺跡の事実報告書の公表、藤村新一氏所有コレクションの実態解明、検証活動に対する誠意ある協力、調査遺跡の学術報告書の刊行の4項目の要求をいたしました。しかし、本委員会発足の時には正式な回答を得られておりませんでしたので、決議に対しての回答を昨年6月に公文で求めました。同研究所からは、ほどなく検証活動への全面的な協力、藤村コレクションの公表、上高森遺跡調査報告の2001年内の刊行などを約束する回答が寄せられております。

このような約束のもと、本委員会の検証活動にあたって、これまで東北旧石器文化研究所の全面的な協力を得ております。また、東北福祉大学梶原研究室におきまして藤村コレクションのリスト作成、写真撮影がすでに終了し、整理された資料はすでに検証活動の対象とされています。上高森遺跡の報告書は現段階では刊行されておりませんが、東北旧石器文化研究所から、原稿を印刷にまわしたとの報告がありました。まもなく発刊されるものと思います。

本委員会の検証活動

本委員会では、発足直後の委員会で、一連の旧石器研究の中で最古の遺物を出土し、遺構をともなう上高森遺跡の調査成果を検証することがねつ造事件の全体像を考える上で重要な課題となるという共通理解に達しました。

そのため、委員会の中に石器検討チーム（柳田俊雄、阿子島香、山田晃弘、佐久間光平、柳澤和明、須田良平の各委員代表柳田委員）、情報資料調査チーム（佐々木和博、千葉孝弥、荒井　格、高橋誠明、吾妻俊典の各委員、代表佐々木委員）を編成し、上高森遺跡の調査を対象に実際の検証作業にあたることにいたしました。

石器検討チームは、まず、上高森遺跡出土石器を縄文時代の石器と比較するとともに、石器の表面を精密に観察し、その記録を作成しました。

まず、縄文時代の石器との比較では出土石器中に明らかに縄文時代の石鏃と見られるもの4点、石錐と見られる資料が2点あることが判明しました。

一方、石器表面観察の主要な内容は、線状の鉄分の有無、キズ、付着する土、風化の違い、摩滅、加熱処理、押圧剥離の有無などです。線状の鉄分とキズは石器が地表近くにあって耕作等で傷つけられた可能性を示し、出土した層と異なる土の付着は本来の出土位置でないことを、加熱処理、押圧剥離の存在は、後の時代の技術が混在していることを示唆すると考えられています。部分的な風化の違い、極端な摩滅なども石器が本来の状態で発見されたことを疑わせる材料になります。

このような検討の結果、現段階の集計で、上高森遺跡出土石器総数263点中、39％にあたる102点に線状の鉄分の付着が、45％にあたる119点に黒色物（土）の付着が認められました。その他の項目についてもそれぞれに問題が指摘されています。このようなデータは、上高森遺跡出土石器の表面には全体に相当な高率で、疑問のある痕跡があることを示しています。

また、このような疑問のある石器は、特定の層や遺構に集中しないようであります。つまり、ねつ造が告白されたあるいは、検証発掘ではすでに失われていて検討できなかった層や遺構においても、ねつ造が告白されたり、検証発掘で矛盾が指摘された層や遺構と同様の傾向を示しているのです。これらのデータの意味するところはこれからの石器検討チームの分析によって明らかにされるでしょうが、現状でも、縄文時代の石器の混在とあわせて、上高森遺跡出土石器全体に重大な疑義があることを示唆するものと言えるでしょう。

情報資料調査チームは、膨大な情報の収集にあたり、そのとりまとめを行うとともに、石器の出土と藤村氏との行動の関係などについて分析を行っています。

これまで分かったところでは、藤村氏の調査参加と石器の出土との関連をみると、上高森遺跡調査総日数59日間のうち、藤村氏不参加の日が15日あり、そのうちの13日間は石器が出土していないという事実が確認できます。他の調査員が不参加のときに約半分の日に石器が出土していない状況とくらべると、藤村氏が参加しない日には石器が出土しない傾向が明瞭に認められるのです。一方、藤村氏参加の日に石器が出土する確率は約55％です。これも図面作成、写真撮影などの掘らない日があることを考えれば相当に高率と言えるでしょう。全体に藤村氏の調査参加と石器の出土との間には本来あるはずのない相関関係が明瞭に認められるのです。

他にも多くの情報が収集され、記録されています。これらの情報の内容と分析についてはこれから情報資料調査チームによって、検討されますが、全体に不自然な状況があることは間違いないようです。

共同の検証活動

日本考古学協会前・中期旧石器問題調査研究特別委員会（以下協会特別委員会）、及び東北日本の旧石器文化を語る会（以下語る会）と協力して数回にわたって、合同で石器の検討を行ったことをご報告いたします。

3者の合同検討会は最初に昨年4月14、15の両日にわたって東北歴史博物館で行いました。検討資料は、藤村コレクション及び上高森遺跡、座散乱木遺跡、馬場壇A遺跡、原セ笠張遺跡出土資料などでありました。

藤村コレクションの資料では、上高森遺跡などでねつ造が発覚した石器群と大局的には良く似ているが若干の相違点も見られること、石器の表面にキズや鉄サビの線状の痕跡など多く観察されることなどが指摘されました。また、上高森、座散乱木、馬場壇A、原セ笠張の各遺跡出土資料についても線状の鉄分付着、キズ、加熱処理の疑い、異常な摩滅、風化の違い、黒色土の付着などの疑問点が指摘され、疑問のある資料をピックアップして今後の検討材料とすることといたしました。

引き続いて9月23、24日に同様の検討会を開催いたしました。前回の検討を踏まえて藤村コレクション、上高森、座散乱木、馬場壇A遺跡出土資料の観察が行われました。観察作業の終了後、参加者の間でさまざまな意見が出され、上高森、座散乱木、馬場壇A遺跡の資料中に多くの疑義のある石器が含まれていることが認識されました。このような認識は、検討会終了後の記者会見の席上で、協会特別委員会小野昭第1作業部会長から公表されたところであります。

さらに、本年1月12、13日に協会特別委員会第1作業部会と本委員会とで石器の検討会を対象の遺跡をやや広げて実施いたしました。その内容については目下とりまとめの途中ですので、次の機会にご報告したいと思います。

上高森検証発掘調査団の結成

本委員会発足の段階では、検証の方法として発掘調査を実施するか否かを含めて検討をすることにしていました。その後特別委員会で上高森遺跡の検証発掘を行う必要があるという認識で一致し、東北旧石器文化研究所からの調査の依頼もあって、代表幹事会、役員会にその方針をお認めいただきました。

なお、検証発掘実施の方針を代表幹事会でお認めいただいた直後、その方針が漏れ、未確認のまま報道される事態となりました。正確な情報を伝えるため、役員会による決定の前に急遽記者会見でその方針を公表せざるを得ない状況となってしまいました。改めて混乱を招きましたことについてお詫び申し上げます。

さて、「宮城県考古学会は上高森遺跡検証発掘調査団を日本考古学協会、東北日本の旧石器文化を語る会へ呼びかけて結成し、宮城県考古学会会員が調査の中心的な役割をはたす」という方針に基づき、協会、語る会に調査団結成の打診をいたしました。協会、語る会ともに全面的に賛同していただきましたので、日本考古学協会2001年度大会開催中の10月6日、盛岡にて三者集まり、基本的な事項を確認した上で調査団を発足させました。調査団の構成、調査の内容等は、さきほど佐川団長のご報告のとおりであります。調査に当たりまして全面的にご協力いただきました築館町当局、町民の皆様に改めて御礼申し上げます。

調査費用につきましては、3団体で応分の負担をすることでスタートいたしました。宮城県考古学会では、会員の皆様にカンパをお願いいたしましたところ、これまでにおよそ50万円ぐらいのカンパを頂戴しております。会員の皆様のご支援に心から御礼申し上げます。協会特別委員会、語る会にも多大なご負担をお願いしております。また、考古学研究会、石器文化談話会、みちのく考古学研究会から多大の寄付金を頂戴しております。全国の皆様のご支援を頂戴し、調査にあたり、まことに心強く、励まされました。調査団一同、心から感謝しております。なお、東北旧石器文化研究所からも埋め戻し等の必要経費も含めて、寄付金を頂戴していることを申し添えます。

上高森検証発掘調査団の今後

上高森遺跡の検証発掘の成果につきましては、先ほど佐川団長から詳細なお話があったところですので、詳しくは触れませんが、結果の厳しさを真摯に受け止めるとともに、精度の高い検証発掘を実施できたことを喜んでおります。

調査団では今後、切り取りましたねつ造の痕跡3点の保存処理を行いますとともに、3月を目途に調査報告書を刊行する予定でおります。保存処理、報告書刊行の費用は捻出可能な範囲にはあるかもしれませんが、やや厳しい状況です。いっそうのご援助をいただけると幸いであります。なお、報告書刊行後、資料の保管等若干の問題を解決した上で調査団は解散する予定でおります。

検証活動の現状

本委員会の活動も含めて、ねつ造事件の検証活動は、石器の検討、情報収集、藤村氏からの聞き取り、検証発掘の実施などの方法により進められてまいりました。

石器に関しては、一昨年12月に福島県立博物館で開催されました東北日本の旧石器文化を語る会で多くの藤村氏が関与した前期・中期旧石器時代遺跡出土石器に、不自然なキズ、線状の鉄分の付着、風化の程度の違う剥離面の存在、縄文時代以降に一般的な加熱処理の存在などの疑問点が指摘されました。先に述べましたように本委員会の石器検討チームの検証活動でも、協会第1作業部会との合同検討会でも、同様の視点で検討されたすべての藤村氏関与の遺跡出土石器群中に疑義のある石器の存在が指摘されました。藤村氏が発掘調査に関与した遺跡の中でもっとも調査年次が古く、国史跡に指定された座散乱木遺跡も例外ではありませんでした。現状では、石器の検討だけからねつ造行為の有無を完全に判定することは困難ですので、今後多くの視点から検討することが必要になりますが、きわめて深刻な事態と受け止めております。

次に藤村氏の告白と検証活動の関係をお話いたします。協会特別委員会により藤村新一氏との面談が行われていたことは、昨年10月7日の協会特別委員会戸沢委員長による報告でご承知のことと思います。面談は合計5回行われ、全部で42遺跡にわたるねつ造の告白が得られていることが公表されています。

最初の面談の後まもなく、協会戸沢委員長から、藤村氏の聞き取り調査が実施できる可能性があることが伝えられました。会員の皆様には申し訳なかったのですが、事柄の性質上、この件については委員長の判断でごく限られた範囲にだけ情報を伝えるとともに、面談について全面的に協力することといたしました。藤村氏がねつ造を告白した宮城県関係遺跡に関する情報の提供、告白内容に関する意見交換などが主な協力の内容であります。

さて、藤村氏は、宮城県内で14遺跡のねつ造を告白しています。中には座散乱木遺跡、馬場壇A遺跡、高森遺跡、上高森遺跡など主要な遺跡が含まれています。藤村氏の告白は、心身のバランスを崩した状態でおこなわれたもので、ねつ造をいったんは否定しても後に認めるなど、やや揺れる部分があります。告白の信憑性は今後他の検証結果とつきあわせる必要がありますが、本人の告白はやはり重要な情報であります。

藤村氏の告白は、自発的に行われたものと、質問に答えたものとがあります。前者は藤村メモで、藤村氏自作のねつ造遺跡のリストであります。このメモでは、1999年〜2000年にかけての25遺跡及びそれ以前の6遺跡についてねつ造を告白しています。これに別の機会に告白された5遺跡を加えると、2年間で少なくとも30遺跡のねつ造が行われたことになります。すべてが事実であるか否かは検討が必要ですが、このような頻度を見る限り、藤村氏のねつ造行為が偶発的なものでないことは明らかであります。

一方、質問は重要な10項目にしぼって行われました。藤村氏は回答の中で宮城県では上高森遺跡、高森遺跡、馬場壇A遺跡、座散乱木遺跡、中島山遺跡について一部または全面的なねつ造を認めています。中で座散乱木遺跡については1981年に実施された第3次調査におけるねつ造を認めています。20年もの長い年月にわたってねつ造行為が行われていた可能性があるのです。石器の検討結果と藤村氏の告白は整合しているようです。

なお、1998年以前の藤村氏の関与した調査については、一部を除いて質問された項目に答える形で告白が行われているため、質問項目にない遺跡についてのコメントは得られておりません。藤村氏の告白がない遺跡であっても、必ずしもねつ造はないと考えることができないということであります。

発掘調査による検証は、これまで福島県一斗内松葉山遺跡、山形県袖原3遺跡、埼玉県小鹿坂遺跡、北海道総進不動坂遺跡などで実施され、そのすべてでねつ造が想定されるという厳しい結果となっております。本委員会も、協会特別委員会、語る会とともに、上高森遺跡の検証発掘に取り組み、同様の厳しい結果を得たことは先ほど報告したとおりであります。これらの検証発掘は、1993年以降の調査を対象としたもので、袖原3遺跡では5年間にわたる継続的かつ大規模なねつ造行為が想定されています。上高森遺跡については、検証発掘調査団の正式な報告を待たなければなりませんが、調査終了時点で公表された「上高森遺跡検証発掘調査終了報告」に示された事実関係は、袖原3遺跡と同様に長期間にわたる「ねつ造」行為の存在を示唆しているようです。

まとめ

以上本委員会の活動、さらには全体的な検証活動の現状について報告してまいりました。

これらの本委員会の今年度の活動は、5月に発行が予定されております宮城考古学第4号誌上で、具体的な資料を提示しながらご報告したいと考えております。

最後に、現状での見通しと今後の活動についてお話いたします。

本委員会の活動も含めて、ねつ造問題の検証活動は着実に進展しております。そしてこれまでの石器の検討、藤村氏からの聞き取り、検証発掘など複数の方法による検証活動の結果を見る限り、1993年以後の、上高森遺跡をはじめとする宮城県内の藤村氏関連遺跡の調査成果には疑問が多く、発掘調査に際してねつ造行為があったことが濃厚に疑われます。この点につきましては上高森遺跡検証発掘調査団の正式な報告を待ってさらに検討を重ねてまいりますが、現状では、これらの資料は学問の資料としては原則として使用できないという見通しをもっております。もし、学問的な資料として位置づける場合には、資料の信憑性を明確に論証することが必要となると思われます。

また、1992年以前の藤村氏関連の遺跡における調査成果については、石器の検討からの疑問、ねつ造の告白があり、今後さらなる検証が必要であります。本委員会としては今年度の活動報告を終えた後にこの問題に取り組んでまいりたいと思っています。

なお、報道でご承知のこととは思いますが、日本考古学協会では座散乱木遺跡の検証発掘の実施を計画されているようです。これについて、非公式にではありますが、協会特別委員会戸沢委員長から宮城県考古学会に協力を要請されております。国指定史跡の調査でありますので、関係各方面のご理解とご協力が必要と考えますが、日本考古学協会の検証活動への協力、支援は本委員会の活動内容のひとつでもありますし、今後計画が具体的になれば、上高森遺跡検証発掘調査をともに担ったものとして、座散乱木遺跡の検証発掘調査に協力していきたいと考えております。

最後になりましたが、今年度の本委員会の活動にあたりまして、会員の皆様の絶大なご支援に感謝申し上げます。また、忙しい中、みずからの貴重な時間を検証活動に充てて下さいました委員諸氏にも心から感謝申し上げます。検証活動はまだ道の半ばにあります。本委員会としてもこれからさらに努力を重ねて参りますので、会員の皆様にさらなるご支援をお願いいたしまして、中間報告といたします。

［第13回宮城県遺跡調査成果発表会に続き開催された報告会における口答発表］

資料Ⅷ　旧石器発掘「ねつ造」問題特別委員会活動報告

旧石器発掘「ねつ造」問題特別委員会 委員長　　辻　秀人

本委員会は、ねつ造事件の実態解明を当初の目標として活動を開始した。2か年に及ぶ活動の中で当初の目標は達成されたと考えている。活動の記録は下記のとおりである。

特別委員会（全体会）

2001年	5月26日	第1回	検証方法、作業分担について
	6月30日	第2回	石器の検討方法、情報資料の検討について
	7月20日	第3回	上高森遺跡検証発掘調査団の結成について
	9月2日	第4回	上高森遺跡出土石器の検討、情報について
	9月16日	第5回	上高森遺跡検証発掘の進め方について
	9月23、24日		日本考古学協会第1作業部会との合同遺物検討会
	11月18日	第6回	石器、情報の検証活動成果について
2002年	1月6日	第7回	検証成果の公表について

	1月12、13日		日本考古学協会第1作業部会との合同遺物検討会
	3月3日	第8回	検証成果の報告について
	3月31日	第9回	活動報告原稿の検討
	4月26日～6月15日		委員数名が岩出山町座散乱木遺跡検証発掘に参加。
	7月28日	第10回	2002年度の活動について
	9月29日	第11回	検証活動の支援、協力について
	10月27日	第12回	最終報告案について
	11月4日		考古学協会特別委員会と合同で多賀城市の石器検証に参加、協力
	12月1日	第13回	最終報告内容について
2003年	1月25日	第14回	最終報告内容について
	2月11日	第15回	最終報告内容について
	3月2日	第16回	最終報告内容について
	3月3日		宮城県教育委員会の検証活動に参加、協力

情報資料調査チームの活動

2001年	6月10日	第1回	作業方針の確認と作業分担
	6月16日	第2回	作業経過の報告
	7月14日	第3回	作業経過の報告
	8月25日	第4回	作業経過の報告
	10月13日	第5回	『中間報告』内容の検討
	10月27日	第6回	『中間報告』の編集

	12月24日	第7回	遺跡発表会後の報告内容の検討
2002年	1月26日	第8回	『宮城考古学』第4号掲載文案の検討
	2月11日	第9回	『宮城考古学』第4号掲載文案の検討
	9月1日	第10回	最終報告内容について
	12月1日	第11回	最終報告の執筆分担について

石器検討チームの活動

2001年	6月7日	第1回	活動分担打ち合わせ
	8月6日	第2回	上高森遺跡第6次調査ねつ造資料写真撮影
	8月25日	第3回	上高森第1・2次出土資料写真撮影
	9月8日	第4回	上高森遺跡第1〜6次調査出土石器カタログ作成
	10月28日	第5回	上高森遺跡第1〜6次調査出土石器カタログ作成、写真撮影
	11月24日	第6回	上高森遺跡第5次調査出土石器写真撮影
	12月8日	第7回	上高森遺跡第 1・2次調査出土石器の観察表作り
	12月16日	第8回	上高森遺跡第2〜5次調査出土石器の観察表作り
	12月28日	第9回	上高森遺跡第6次調査出土石器の観察表作り

2002年1月20日　第10回　名取市野田山遺跡（後期旧石器）の石器観察およびデータ取り
2月2日　第11回　「藤村非関与遺跡」の石器観察
2月16日　第12回　「藤村非関与・関与遺跡」の石器観察とデータ取り
2月24日　第13回　これまでの観察石器の報告、上高森遺跡観察表のチェック
3月21日　第14回　活動報告原稿読み合わせ
4月4日　第15回　薬山周辺で採集された石器類の借用と検討。
4月6日　第16回　『宮城考古学』原稿の最終調整。
4月21日　第17回　薬莱山周辺で採集された石器類の検討と返却。
7月28日　第18回　藤村コレクションの検証作業への今後の予定の打ち合わせ。
9月29日　第19回　全体会の前、委員会参加の打ち合わせ。

10月初旬から12月中旬まで藤村コレクション検証作業。委員の各自が記録化をおこなう。

10月13日　第20回　村コレクションの検証作業と打ち合わせ。
10月15日　多賀城市ねつ造関連遺跡の検証作業に参加、協力。
10月20日　第21回　藤村コレクションの検証作業と打ち合わせ。

10月9日から12月2日　仙台市山田上ノ台跡の調査

指導委員会に加わる。

11月5日　多賀城市の検証活動に協力。

12月28日　第22回　最終報告原稿の読み合わせ。

2003年　1月18日　第23回　最終報告原稿の読み合わせ。

（宮城考古学第5号「宮城県考古学会旧石器「ねつ造」問題特別委員会最終報告」2003年より転載）

資料Ⅸ　上高森遺跡検証発掘調査組織

本検証調査団は、宮城県考古学会（代表：桑原滋郎前東北歴史博物館学芸部長）が主体となって日本考古学協会（会長：甘粕健新潟大学名誉教授）と東北日本の旧石器文化を語る会（代表：加藤稔東北芸術工科大学名誉教授）と協議し、三者が推薦した調査員と事務局員から構成され、さらに発掘調査の客観性を確保するために指導助言委員会を設置した。

なお、検証調査に要したすべての経費は、本項⑤に記述する機関と個人からの援助に基づいている。

①調査主体　上高森遺跡検証発掘調査団：団長 佐川正敏（東北学院大学教授）

②指導助言委員会　委員長 須藤隆（東北大学教授：考古学）、委員加藤稔（東北芸術工科大学名誉教授：考古学）、小林達雄（國學院大學教授：考古学）、菊池強一（岩手県立西和賀高等学校校長：地質学）、桑原滋郎（前東北歴史博物館学芸部長：考古学）、白石浩之（愛知学院大学教授：考古学）

③調査事務局　局長辻秀人（東北学院大学教授）、局員 佐久木和博（仙台二南萩陵高等学校教諭）、高橋誠明（古川市教育委員会）、矢島國雄（明治大学教授）、渡辺清子（宮城県考古学会会員）

④調査員　阿子島 香（東北大学教授）、荒井 格（仙台市教育委員会）、大竹憲昭（長野県埋蔵文化財センター）、小笠原好彦（滋賀大学教授）、熊谷常正（盛岡大学教授）、佐久間光平（宮城県考古学会会員・日

本考古学協会会員)、渋谷孝雄(山形県埋蔵文化財センター)、須田良平(宮城県考古学会会員・日本考古学協会会員)、諏訪間順(小田原市教育委員会)、戸田哲也(玉川文化財研究所所長)、藤原妃敏(福島県立博物館)、町田洋(東京都立大学名誉教授)、柳沢和明(宮城県考古学会会員・日本考古学協会会員)、柳田俊雄(東北大学教授)、山口卓也(関西大学博物館)、山田晃弘(宮城県考古学会会員・日本考古学協会会員)

調査参加者

相沢正信、赤井文人、安食洋志、市川彰、伊藤朋世、伊藤真由美、伊東裕輔、内田仁、太田昭夫、大谷基、大場正善、大類誠、小野章太郎、小野啓志、加藤正徳、加藤卓也、門脇隆志、鹿又喜隆、川手良太、普野智則、工藤陽、小林啓、斎藤慶英、佐々木智徳、佐々木直見、佐藤真生、佐藤公保、塩田剛、清水康宏、杉山陽充、鈴木一馬、鈴木雅、下岡順直、須田富士子、高原要輔、武田和宏、田中恵子、柄目宏幸、津田優佳、長友恒人、沼田綾子、野月寿彦、墓田祐二、羽田智治、早瀬亮介、兵藤真理恵、福壽規人、藤井裕二、古田道太郎、北条佐和子、星恵、堀井真、三浦実、村上裕次、茂木洋一、山田しょう、若松かおり

(上高森遺跡検証発掘調査団2003年『宮城県築館町上高森遺跡検証発掘調査報告書』より作成)

資料X　座散乱木遺跡検証発掘調査組織

座散乱木遺跡発掘調査団

団　長　小林達雄（国学院大学教授）

副団長　佐川正敏（東北学院大学教授）

　　　　矢島國雄（明治大学教授）

調査員　阿子島香（東北大学教授）・荒井格（仙台市教育委員会）・稲田孝司（岡山大学教授）・岡田康弘（文化庁）・小田静夫（東京都教育委員会）・小畑弘己（熊本大学助教授）・加藤真二（文化庁）・亀田直美（埼玉県埋蔵文化財事業団）・川辺孝幸（山形大学助教授）・菊地強一（岩手県西和賀高校長）・熊谷常正（盛岡大学教授）・藤靖二（国立科学博物館地学部長）・佐久間光平（宮城県教育委員会）・佐々木繁喜（宮城県迫桜高校教諭）・佐藤宏之（東京大学助教授）・佐藤良二（二上山博物館学芸員）・渋谷孝雄（山形県教育委員会）・須田富士子（東北大学東北アジア研究センター）・須田良平（宮城県教育委員会）・砂田佳弘（神奈川県教育委員会）・諏訪間順（小田原市教育委員会）・早田勉（古環境研究所）・高橋誠明（古川市教育委員会）・玉田芳英（文化庁）・辻秀人（東北学院大学教授）・長友恒人（奈良教育大学教授）・長橋良隆（福島大学教授）・中村由克（野尻湖ナウマンゾウ博物館学芸員）・西秋良宏（東京大学総合研究博物館助教授）・禰宜田佳男（文化庁）・萩原博文（平戸市教育委員会）・藤田尚（新潟県立歴史博物館学芸員）・藤原妃敏（福島県立博物館学芸員）・山口卓也（関西大学博物館学芸員）・柳澤和明（宮城県

教育委員会）・柳田俊雄（東北大学総合博物館教授）・山田しょう（東北学院大学講師）・山田晃弘（宮城県教育委員会）

座散乱木遺跡発掘調査委員会

委員長　戸沢充則

副委員長　河原純之・須藤　隆

委　員　○安蒜政雄（明治大学教授）

○小野　昭（東京都立大学教授）

○河原純之（川村学園女子大学教授）

○桑原滋郎（前・宮城県考古学会会長）

○小林三郎（明治大学教授）

○坂井秀弥（文化庁文化財部記念物課主任調査官）

○白石浩之（愛知学院大学教授）

○白鳥良一（宮城県教育委員会文化財保護課長）

○須藤　隆（東北大学教授）

○戸沢　充（明治大学名誉教授）

○春成秀爾（国立歴史民俗博物館教授）

○町田　洋（東京都立大学名誉教授）

○松井一麿（岩出山町教育長）

○松藤和人（同志社大学教授）

小林達雄（国学院大学教授：調査団長）

佐川正敏（東北学院大学教授：調査副団長）

矢島國雄（明治大学教授：調査副団長）

調査指導委員…上記名簿の○印の委員

（座散乱木遺跡検証発掘調査団 2003 年『宮城県岩出山町・座散乱木遺跡検証発掘調査報告書』より作成）

資料XI 「旧石器発掘捏造」に関する検証調査の結果

―第68回総会「旧石器問題特別報告」での口頭発表全文―

2002年5月26日

前・中期旧石器問題調査研究特別委員会委員長　戸沢充則

はじめに

これより、前・中期旧石器問題調査研究特別委員会（以下、特別委）の2001年度活動報告に関するまとめを行います。

いうまでもなく、この報告は、一年有余にわたる特別委委員55名の共同作業の結果によるものであり、その点で、終始献身的な努力を惜しまれなかった委員諸氏に委員長として、心からの感謝と敬意を表します。

それと同時に、本特別委の活動を物心両面で支援された日本考古学協会の全会員、さらに、具体的な調査活動のそれぞれの局面で、多大のご協力とご理解を賜った地域住民の皆さん、関係自治体や行政機関、また関連学会の関係者等に、この場を借りて厚くお礼申し上げます。

未曾有の事件で、我々の活動も試行錯誤の繰り返し、幾多の紆余曲折がありましたが、今日、この一年の総括の中で、全学界員、関係諸機関が、互いの信頼関係のもとで、一致して取り組む体制を持つことができた、ということを確認できるのを、委員長としては、最も大きな喜びとするところであります。みなさん、本当にご協力ありがとうございました。

1 検証調査の内容について

この一年間の、特別委を中心として行われた活動は、旧石器発掘捏造という疑惑について、その事実関係を明らかにするという、いわば「検証調査」に、活動の重点がおかれてきました。

その経過、あるいは結果につきましては、この前に行われた3件の検証発掘の報告、そして特別委各作業部会の報告、そして、このたび公刊された『日本考古学協会前・中期旧石器問題調査研究特別委員会報告Ⅱ』(予稿集) 掲載の資料によって、その詳細を知っていただけるものと思います。かなり膨大で多岐にわたる報告内容のうち、いくつかのポイントになる点を、以下、要約し、若干の説明を加えます。

①遺跡の検証発掘

このことについては、今までに、福島県一斗内松葉山、山形県袖原3、埼玉県秩父の遺跡群、北海道総進不動坂、宮城県上高森、同座散乱木の6ヶ所で実施されています。座散乱木のように、調査継続中のものもありますが、既に検証調査の結果が発表されている遺跡については、前・中期旧石器遺跡としての評価といいますか、最終判断といいますか、その点の見解は、その表現にそれぞれニュアンスの違いはありますが、特別委第2作業部会が述べておりますように、それらの検証発掘の結果では、確実な前・中期旧石器時代の遺物や遺構は全く発見されず、捏造の痕跡のみが明瞭に認められた、というのが厳然たる結果であります。

藤村新一氏が関与して発掘された遺跡は33遺跡 (文化庁調べ) といわれています。そのうち検証発掘が実施されたのは、全体の中の一部に過ぎませんが、その多くは、今までの研究の中で重要な位置付けをされてきた遺跡であること、特に藤村氏告白のあった遺跡で、捏造が実証されたという点を加えれば、今までの検証発掘の結果は、決定的に重大なものと受け取るべきものだと理解します。

②石器の検証調査

本特別委の第1作業部会、および関係の機関・個人（調査担当者等）が調査の対象とした資料は、藤村氏の告白したものを主に28遺跡、検討した石器は、その当該遺跡出土のほとんど全資料にあたる1,100点以上にのぼります。この数字も藤村氏関与の資料の全部には当たりませんが、いわゆる「重要遺跡」といわれたものの多くを含んでいます。

その結果、検証された遺跡単位の資料群の中には、どの遺跡の例でも非常に高い割合で、正常な出土状態の遺物にはありえない不自然な傷などがついた石器が含まれていることが明らかとなりました。その点についての評価の表現は、それぞれの調査者によって違いがありますが、総じていえば、第1作業部会が示したように、「検討した資料は学問的資料としての要件を根本的に欠くといわざるを得ないと判断される結果」というものでした。

これに加えて、第4作業部会が行った前・中期旧石器の指標とされてきた3種の石器と縄文時代の石器との型式学的な比較研究では、まだ中間報告とはいえ、量の多少を問わず、いずれも東北地方の縄文時代の石器の中に類品を見出すことが可能という結論を示している点も、重要な検証の視点といえます。

なお、第1作業部会が実践した石器検証の基準は、他の機関等による検証にも適用され、すべての石器の検証は、同一基準で実施されましたが、これは今後、旧石器、縄文、それ以降の時代の遺跡発掘現場で活用されるべきマニュアルのひとつとされても良いと考えられます。

③藤村捏造行動の検証

第5作業部会は古い記録、メモ、証言などの情報を収集して、1970年代前半からの長期にわたる藤村氏の捏造行為があった可能性を指摘しました。それに加えて本予稿集に収録した東北旧石器文化研究所による同じ方法でのレポートでは、遺跡の発掘現場における不審な行動を調査参加者などの証言を加えて捏造の状況証拠として示し、さらに栗島氏のレポートは秩父の遺跡での、いわば藤村氏の驚くべき巧妙な捏造の手口を、記録等に基づいて再現しました。

これらの報告は、現在では、現場で実際には実証できない状況証拠というべきものですが、憶測とか、推測という以上の、相当に真実性を持った証言として受け止めてよいと思っております。

2 検証調査にもとづく判断

特別委が、昨年5月の総会時に、「向後1ヵ年を目途に、一定の判断を示すことができるよう努力する」と、活動方針で宣言したのは、必ずしも十分な見通しや自信があったからではありませんでした。それは、一日も早く事実を確かめて、社会の不信と混乱を少しでも取り除き、日本考古学の再生の道を展望したいという、日本考古学協会、そして全研究者の希望と決意を表明したものでした。

しかし、捏造発覚直後から多くの研究者が検証の具体的方法などを考え、それを学界共通の認識とする努力を重ね、2〜3の検証発掘で捏造の証拠が明らかになり、さらに藤村氏告白などがあって、検証調査は予期以上に急速に進展しました。そして、今まで述べてきたように、検証調査の結果を要約的に、そのポイントをまとめることができました。それにもとづく特別委の見解・判断は次のとおりです。

すなわち、特別委ならびに関係機関等の調査した資料に関して、藤村関与の前・中期旧石器時代の遺跡および遺物は、それを当該期の学術資料として扱うことは不可能であるということであります。

なお、この判断は、5月24日の特別委全体会議で慎重な討議を経て、特別委の統一見解としてまとめられたものであることを、とくに付言しておきます。

3　特別委活動の経過と問題点

本特別委の1年余の活動経過については、予稿集に収録した記録をご覧いただきたいと思いますが、その経過の中で、特に指摘すべき2、3の点について報告いたします。

第一点は、この報告のはじめにも触れたことですが、日本考古学協会はもとより、地域の研究団体、そして関連科学の諸学会が一体となって、この問題の解決に向けて協力するという決意を示され、それらの協調体制が早い時期に確立し、以来、その維持と強化がはかられたことが、検証作業推進の重要な基盤となったことです。とくに考古学界においては、この問題の、言葉はいいかどうか分かりませんが、いわば「震源地」ともいえる東北地方の二つの学会、すなわち宮城県考古学会と東北日本の旧石器文化を語る会が、それぞれ先端を切って積極的に、この問題に取り組んできました。以来、ほとんどの検証調査を本特別委と合同で、互いに緊密に連携して作業を進めてきたことは、検証調査に役立ったという効果の面だけではなく、考古学研究が今後、みんなが信頼関係を大切にして、一つの目的に向けて努力すれば、大きな結果を導くことになるという一つの展望を切り開いたと受け止めます。

第二点は、この問題の経過の中で、国民一般はもとより、とくに関係地域の住民に大きな不安と不信を生じさせ、地方自治体に多大の混乱と迷惑を与えたことがしばしばありました。この点について、社会的な大きな責任を持つ学術団体である日本考古学協会および特別委の運営・体制上の不十分さもあって、反省すべき点も少なくありませんでした。

その点に関連して、昨日の報道（公表前の特別委の統一見解の記事等）もそうですが、マスコミの先を急ぐ競争的な報道姿勢には、これまで何度も悩まされました。この事件の経過の中で、過去永年の「捏造旧石器」に対する無批判で過熱的なニュースについて、自己批判をしたマスコミ関係者も多くいましたが、改めて遺憾の意を表し、反省を求めたいと思います。それとともに学界とマスコミがよき関係をつくり、国民が信頼する「科学報道」のあり方について、互いに考え合う努力が必要だということを痛感いたします。

しかし、学界と地方自治体とは、組織的、系統的なパイプが十分にあるわけではなく、その点で特別委はつねに文化財行政機関に多くを期待してまいりました。地方自治体が主催したいくつかの検証発掘などに、特別委が、あるいは日本考古学協会員が積極的に協力、参画できたことは、きわめて幸いなことだったと思います。そして、今継続中の座散乱木の発掘では、日本考古学協会が主体となって、文化庁、宮城県教育委員会、地元自治体などが一体となって調査組織をつくり、厳正・公正な学術的な検証調査が行われるに至ったことは、素晴らしいことだと評価できます。こうした、研究者、行政が一体となった問題解決への対応こそが、地域住民にも納得される真実追究の道であり、ひいては今後の考古学の成果や、文化財保護行政のあるべき形を生み出す基礎だと信じて疑いません。

第三点として、藤村と過去、発掘や研究を直接ともにした研究者たちの検証調査への協力について触れておきます。今回の予稿集の中にも、何人かの当事者、そして機関からの報告書やレポートが収録されています。それらは、いずれも捏造事件の反省の上にたって、当面果たしうる責任の一つとして、検証作業に協力するという思いの中で作成された報告書、レポートであると理解してよいと思います。予稿集には名を出していませんが、多くの研究者が発掘の現場で、また石器検証の場で、あるいはそれぞれ独自の立場で苦悩の念をおさえながら自己検証を通じて検証調査に協力している等、我々はこの目で見、そして、話として聞いております。

特別委委員長としては、そうした関係者の努力を受け止め、ただ単に責任を問うのではなく、さらに事実の解明のための協力に期待し、その結果の反省を、今後の研究に生かす主体者になってほしいと願うものです。

なお、藤村新一氏とは、昨年の9月26日の第5回の面談以後、全く直接の連絡をとれない状態が続いています。昨年秋以来、病状が悪化し、精神状態が不安定なため、第三者との面談は不可能というのが主治医からの連絡です。しかし、昨年の重大な告白の前後を通じて、彼が社会、学界、共同研究者などに対して陳謝と自分の過ちに対する悔悟の言葉をしばしば口にしていたことは、昨年10月7日の盛岡での私の報告で申し上げたとおりです。

4 残された課題と今後の取り組み

2001年度の活動報告の総括は、捏造疑惑の検証調査に関するまとめでほぼ尽きるといわざるを得ません。しかし、当面、設置期間3年でスタートした特別委の任務は、事件の事実関係の検証調査だけで終わるというものではありませんでした。

今後、地方自治体等が行う検証調査などに積極的に協力・支援できる体制は維持するにしても、学会としての主要な課題は、すでに特別委第5作業部会等が提示し、具体的な検討に入り、予稿集にも一部その経過報告がなされている、研究史・方法論の総括や、考古学の社会的責任などといった、より本質的な諸課題を検討する中で、再発防止と研究の再出発の基盤づくりを行うことです。

そのことを、段階的・前進的に具体化をはかるため、当面、特別委が共同で検討し、実現をはかるべき措置として、次の諸点を活動の目標にしたいと考えます。

①今般の検証調査の体験と結果を全研究者、特に若い世代が共通の認識として持ち、今後、捏造再発や事実誤認を防止することと、遺跡・遺物の正しい調査研究が進められるような、全学界的な研究会・シンポジウムを積極的に企画する。なお、そのためにも特別委は、検証調査の「本報告書」を年度内に編集・発行いたします。

②今般の事件と検証調査の結果を、国内だけでなく、海外の研究者にも正確に説明し、世界的な共通課題として、今後

の考古学研究に生かすための国際シンポジウムを計画する。

③藤村氏関与以外の後期旧石器以前の可能性があるとされる遺跡・遺物および年代・地層・環境等を総合的に検討する合同研究会を早急に具体化する。あわせて、今までの前・中期旧石器時代研究史の総括と方法論の検討を急ぐ。

これらの取り組みをスムーズに進展させるため、現在の5作業部会の再編と運営の改善が必要です。新年度早々に実現したいと思います。なお、この点に関して、現委員長としての個人的付言をさせていただきますと、こうした新年度の活動方針は、次の時代の新しい研究に対応するものであり、若い世代の研究者が中心となって推進すべきであることを、とくに切望する次第です。

5　おわりに

旧石器発掘捏造という未曾有の不祥事は、日本考古学全体を激しくゆすぶった、すべての研究者にとって屈辱と衝撃の事件でした。その発覚から1年半が経ちました。短いという言い方もありますが、多くの人にとっては長い、辛い期間だったというのが実感ではないでしょうか。検証調査は、多くの人々の献身的な努力によって予想以上に進展し、その結果は予想を上回る厳しい結果であったことを、総括報告として、以上ながながと行ってきました。

しかし、これで終わったのではありません。100％の実証は不可能にしても、未調査の疑惑遺跡や石器の検証には、できる限りの努力を重ねる必要があると思います。そして学界的には、新しい研究の基盤づくりを急ぎ、同時に、社会やマスコミからこの事件を通じて批判されたような研究者の資質や倫理、考古学の科学としての体質の改善、学会や研究の体制の見直しなど、学界と研究者の本質に関わる多くの問題が提起されています。

今回の事件とその検証調査の経過を踏まえて、日本考古学協会全体をリードする立場から「会長声明」が発表されます。特別委はその趣旨を支持し、特別委としての今後の活動を推進するとともに、日本考古学協会員、研究者個々の問題としても、声明に沿った方針に協力することを誓って、やや長時間に過ぎた総括報告を終わります。

（日本考古学協会『前・中期旧石器問題の検証』2003年より転載）

資料XII　前・中期旧石器問題に対する会長声明

2002年5月26日（日本考古学協会第68回総会）

日本考古学協会会長　甘粕　健

「旧石器発掘捏造」が発覚してから1年半が経過しました。日本考古学協会は捏造発覚直後の2000年11月12日に委員会見解を発表しました。その中で藤村新一氏の捏造行為は、考古学の拠って立つ基盤を自ら破壊するもので研究者の倫理が厳しく問われなくてはならないと糾弾しました。また、協会員の中からこのような行為をなす者を出し、しかも研究者相互の批判によってこれを防ぐことができず、わが国の考古学の信頼を大きく傷つけたことを深くお詫びしました。そして会則に照らして藤村氏を退会せしむること、協会として研究者倫理の徹底についての検討に取り組むこと、疑念の生じた遺跡の検証を含めて、前・中期旧石器遺跡に対する自由闊達な学術的検討を集中的に行う「前・中期旧石器問題調査研究特別委員会」を組織すること等を表明しました。

「前・中期旧石器問題調査研究特別委員会」は、2000年12月20日に準備会が結成され、翌2001年5月19日の日本考古学協会第67回総会において戸沢充則会員を委員長として正式に発足し、5つの作業部会を設けて精力的な活動を行ってきました。この間、日本考古学協会・東北日本の旧石器文化を語る会・宮城県考古学会・北海道考古学会等の関連する学会と大学、問題の遺跡が所在する各自治体および文化庁等の一致協力により、当初の予想を超えるスピードで検証作業が進んでいます。それとともに当初の想定を超えるような驚くべき捏造の広がりが明らかになりつつあります。その詳細は『特別委員会報告II』にまとめられています。

顧みれば、一部の研究者からの正鵠を射るところの多い批判がなされていたにもかかわらず、論争を深めることができず、学界の相互批判を通じて捏造を明らかにするチャンスを逸したことは惜しまれます。自由闊達で、徹底した論争の場を形成することができなかった日本考古学協会の責任も大きいと考えられます。

日本列島における人類文化の始源という、国民にとってきわめて重要なテーマに対し虚偽の歴史像を提供することになり、それが一学説としてではなく、あたかも定説であるかのごとく多くの教科書に取り上げられ、歴史教育に大きな混乱をもたらしたことは誠に申し訳ないことです。日本考古学協会の研究発表会では、藤村氏等の研究グループの研究発表が異常に高い頻度で行われましたが、協会としては反対論者との討論を企画する等の問題意識もなく、結果的に捏造にかかわる調査を権威づけることになったことを反省しています。

捏造事件は考古学に対する国民の期待と信頼を裏切る背信行為でしたが、とりわけ問題の遺跡の所在地で発掘調査に協力し、歴史のロマンを育み、遺跡を活かした町作りに希望を託していた自治体と地域住民を物心両面において深く傷つけることになりました。こうした方々から考古学全体に厳しい批判が寄せられるのは当然です。その一方で、この間に行われた検証発掘に当たって、どの地域でも、自治体と住民の方々が複雑な気持ちをかかえながらも、研究者のお詫びと訴えを受け入れ、科学的に真実を明らかにするという一点で快く協力がいただけたことは心強い限りであり、心からの敬意と感謝の意を表したいと思います。

日本考古学協会は、捏造事件によって失われた日本の考古学の信頼を回復する上での最優先課題として疑惑の検証に総力をあげて取り組み、1年半を経て一定の成果を得ることができました。今回の事件が社会に及ぼした甚大な損害、それに対する研究者の責任は重く、なかでも日本考古学協会の責任は、重大なものがあります。真実の歴史を求めるすべての国民に対して、また日本考古学の行く末を心配しておられる海外の同学の友人に対し、日本考古学協会に結集する3,600余人の考古学研究者を代表し、心から陳謝いたします。あわせて日本考古学の信頼回復と新生のために一層の努力を傾けることを誓うものであります。

なお、3ヶ年の時限で設置された「前・中期旧石器問題調査研究特別委員会」は、今折り返し点を迎えました。2002年度においては本報告書を刊行し、国内外に対する日本考古学協会の説明責任を果たしたいと思います。あわせて日本の旧石器時代史の再構築を展望する新しい検討段階に進む予定です。また、日本考古学協会として考古学研究者の倫理をめぐる討議を深め、新しい倫理綱領の制定をめざそうと思います。

資料XIII　一般社団法人日本考古学協会倫理綱領

前　文

一般社団法人日本考古学協会は、自由と平等の理念のもと、考古学の健全な発展をめざすとともに、文化財が人類共通の遺産であることを自覚し、その保護に力をつくし、あわせて社会のいっそうの向上に寄与することを使命とする。その使命を果たすため、ここに倫理綱領を制定し、日本考古学協会会員が守るべき規範とする。この綱領は、同時に広く考古学の調査・研究に携わる者が守るべき規範となり得ると信ずる。

1. 社会人として

(1) 遺跡の保護

日本考古学協会会員は、考古学が対象とする遺跡・遺構・遺物が人類史・人類文化の貴重な遺産であることを認識し、これを保存し、活用していくために努力する。

(2) 調査・研究の公開・普及

日本考古学協会会員は、調査・研究などの学問的成果を広く社会に公開し、普及に努める。

(3) 社会や環境に対する配慮

日本考古学協会会員は、調査・研究などを遂行するにあたり、その地域の歴史・文化及び自然環境を尊重するとともに、地域社会との関係に考慮する。

(4) 知的財産権の尊重

日本考古学協会会員は、他者の知的成果、知的財産権を尊重し、これを侵害してはならない。

(5) 遺物や美術品の不正取引等の禁止

日本考古学協会会員は、遺物や美術品などの文化財の略奪、不正な取引・譲渡に関与してはならない。

(6) 関係法令の遵守

日本考古学協会会員は、海外もしくは国内において調査・研究を遂行するにあたり、その国の法令を遵守する。

2. 研究者として

(1) 調査・研究における専門的能力

日本考古学協会会員は、調査・研究に関して、関連分野を含めた知識・方法論など、専門的能力の向上に努め、その遂行において最善をつくす。

(2) 調査の準備・計画

日本考古学協会会員は、適正な教育や訓練を受け、かつ事前に適切な準備・計画を策定した上で調査に着手する。

(3) 調査記録の作成と保存

日本考古学協会会員は、遺跡の調査においては、恒久的で適正な記録を作成し、かつ報告書刊行後も記録の保存に万全を期す。

(4) 報告書の作成

日本考古学協会会員は、遺跡の調査成果について、適正な報告書をすみやかに刊行し、その学術的成果の周知・共有化をはかる。

(5) 資料・記録の保存・管理・公開

日本考古学協会会員は、調査によって得られた資料・記録が人類共通の財産であることを認識し、これを適正に保存管理するとともに、公開に努める。

(6) 安全・衛生と人権への配慮

日本考古学協会会員は、調査・研究の遂行にあたって、安全・衛生に万全を期すとともに、人権を尊重する。

(7) 不正行為の禁止

日本考古学協会会員は、調査・研究の遂行及び成果発表の際に、資料・記録のねつ造・改ざんや、成果の盗用等いかなる不正行為もしてはならない。

附　則

1. 2006年5月27日制定
2. 2016年1月23日一部改正・施行

■著者紹介

辻　秀人（つじ ひでと）

1950年生まれ。1974年、東北大学文学部卒業。1980年、同大学大学院文学研究科博士課程後期単位取得満期退学。
福島県教育庁学芸員（1980年）、福島県立博物館主任学芸員（1987年）、東北学院大学文学部助教授（1992年）、同大学文学部教授（1998年）を歴任し、同大学名誉教授。
日本考古学協会前会長、東北・関東前方後円墳研究会代表幹事。
主な著書に、『灰塚山古墳の研究』（雄山閣、2023年）、『ふくしまの古墳時代』（歴史春秋出版、2003年）、『東北古墳研究の原点：会津大塚山古墳』（新泉社、2006年）、『百済と倭国』（編集　高志書院、2008年）、『博物館危機の時代』（編集　雄山閣、2012年）、『宮城の研究』1 考古学篇（共著　清文堂、1984年）、『福島の研究』1 考古学篇（共著　清文堂、1985年）、『古墳時代の研究』11 地域の古墳Ⅱ 東日本（共著　石野博信ほか編、雄山閣出版、1990年）、『東日本の古墳の出現』（共著　甘粕健ほか編、山川出版社、1994年）、『古代蝦夷の世界と交流』（共著　鈴木靖民編、名著出版、1996年）、『古墳時代の考古学』（共著　白石太一郎ほか、学生社、1998年）などがある。

令和7年（2025）4月25日　初版発行　《検印省略》

旧石器(きゅうせっき)ねつ造問題検証備忘録(ぞうもんだいけんしょうびぼうろく)
—ねつ造検証(ぞうけんしょう)はどのように行(おこ)なわれたか—

著　者　辻　秀人
発行者　宮田哲男
発行所　株式会社　雄山閣
〒102-0071　東京都千代田区富士見２－６－９
TEL　03-3262-3231㈹／FAX：03-3262-6938
URL　https://www.yuzankaku.co.jp
e-mail　contact@yuzankaku.co.jp
振 替　00130-5-1685
印刷・製本　株式会社 ティーケー出版印刷

ISBN978-4-639-03038-6　C3021
N.D.C.210　192p　19㎝